W0398955

Höhe: Franz Killmeyer bewegte sich in erlauchten Kreisen (Seite 78). **Breite:** Andri Pol durchs ganze Land (Seite 14). **Tiefe:** Und Wolfgang Michal stieg in die Prager Unterwelt ab (Seite 32)

Liebe Leserin, lieber Leser,

BITTE SPRECHEN SIE LANGSAM NACH: Strtsch prst skrs krk. Und weil es vermutlich nicht auf Anhieb geklappt hat: Strtsch prst skrs krk. Wenn Sie annehmen, wir würden in Zeiten allgemeiner Krise nun sogar die Vokale einsparen, dann unterschätzen Sie den kleinen, hier in freier Umschrift wiedergegebenen tschechischen Satz. Er gilt nämlich als einer der wenigen grammatikalisch korrekten Zungenbrecher weltweit, die ohne Vokale auskommen. Und er bedeutet dabei sogar noch etwas halbwegs Sinnvolles: Steck den Finger durch den Hals.
Das wussten Sie nicht? Nun, so wird es Ihnen bei Lektüre dieses Heftes des Öfteren ergehen. Denn zwar ist bekannt, dass Tschechien gute Fußballer und noch besseres Bier hervorbringt, dazu langlebige Autos und langbeinige Models. Allgemeingut auch, dass uns mit diesem liebreizenden, von seiner Hauptstadt Prag gekrönten Land weit mehr als eine 810 Kilometer lange Grenze verbindet. Doch abgesehen davon wissen Deutsche von Tschechien kaum mehr als von Tonga oder Tuvalu. Höchste Zeit also, Sie mit dem oft unterschätzten Nachbarland und seinen Menschen vertraut zu machen. Mit einem tschechischen Mondreisenden (Seite 28) etwa, den Schwanenseetänzerinnen von Horní Lhota (Seite 52) oder Guerilla-Brauern aus dem Plattenbau (Seite 56). Und damit: Herzlich willkommen in einem kleinen Land, das erstaunlich groß sein kann.

Ihre

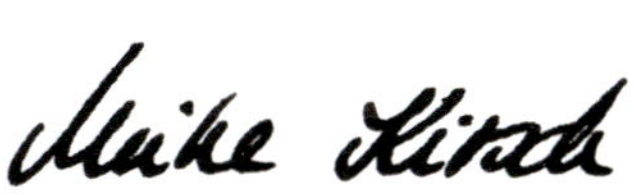

MEIKE KIRSCH

▸ UNSER MANN IN PRAG

Kilian Kirchgeßner bereitet das ř, der Fiesling unter den tschechischen Lauten, längst keine Mühe mehr. Der mehrfach ausgezeichnete Journalist hat in Prag studiert und beobachtet nun schon im sechsten Jahr eine Verwandlung an sich: vom Deutschen zum Tschechen. Für dieses Heft war er der Ideengeber

78

ADEL GESICHTET Fürst Lobkowicz, ranghöchster Aristokrat des Landes, öffnet seinen Stadtpalast

32

ZUKUNFT FINDET STADT Tschechiens Kapitale steht vor einer Richtungsentscheidung: Traditionell unten bleiben? Modern in die Höhe wachsen?

60

UMBRUCH IN NAHAUFNAHME Václav Havel, innig umarmt. Wer war der Fotograf, dem wir die schönsten Bilder des sanften Wandels verdanken?

14

AUFSCHWUNG OST Nicht täuschen lassen. Nur die Berounka plätschert träge dahin. Eine Bilderreise durch ein unterschätztes Land

48

SCHWEJKS GESCHWISTER Bei den Schwanensee-tänzerinnen von Horní Lhota. Und andere Begegnungen mit dem tschechischen Charme

72

FRAGIL Ein Hoch auf eine zerbrechliche Branche

88

BÖHMEN MIT PLAN UND WAGEN
Mit dabei: Rose und Fanny, 13 und 1050 Kilogramm

THEMEN

RUBRIKEN

dossier

service

TITEL: FRANK CHMURA, KARLSBRÜCKE IN PRAG

REDAKTIONSSCHLUSS: 15. JULI 2009

Herausragend ist in Prag nicht nur der Hradschin. Und deshalb zieht es sechs von zehn Tschechien-Touristen in die Hauptstadt

WO EUROPA SPITZE IST

Tschechien rückt auf die Landkarte von immer mehr Reisenden. Es ist ein Land im Wandel, noch nicht perfekt, aber gerade deshalb umso interessanter

FREMDE SPRACHE

Strč prst skrz krk: Dieser komplette Satz ohne Vokal ist nicht die einzige Sonderlichkeit des Tschechischen

KAJNE ANGST FÓR DÉR ČECHIŠN ŠRIFT. Díze Angst ist unbegrýndet. In Várhajt hat das čechiše Šriftsystem zogár fíle Fórcýge: Jédes Wórt wirt zó gesríbn, wí es auszusprechn ist. Und štéc auf dér érsten Zilbe betónt. So auch „Ahoj". Was den Deutschen sofort an die Meere dieser Erde erinnert, nutzt ein Tscheche wie der Italiener sein „Ciao". Man grüßt und verabschiedet sich überschwänglich maritim. Und dabei blendet man im Binnenland gern aus, dass es bis zur nächsten Küste mindestens 300 Kilometer sind.

Zugegeben, trotz der einfachen Ausspracheregeln kann man Schiffbruch erleiden. Denn Tschechisch ist definitiv eine der schwersten Sprachen in Europa. Es hat nicht nur reichlich Haken und Ösen (sieben Fälle, zahllose grammatikalische Eigenheiten), sondern noch mehr Häkchen *(háčky)* und Striche *(čárky)*. Außerdem werden auch Sie eher früher als später dem Fiesling unter den tschechischen Lauten begegnen: dem zungenbrecherischen *ř*. Phonetisch eine Kombination aus rollendem R und dem G wie in „Genie". Es gilt als unaussprechlich, nur Eingeborene und Sprachgenies können das. Und wenn schon. Helfen Sie sich, indem Sie einfach ein *rsch* sprechen. Wenn Sie das schnell genug tun, fällt es niemandem auf – und höchste Bewunderung ist Ihnen sicher. Toppen können Sie das nur noch mit dem schwierigsten aller tschechischen Zungenbrecher; den dreihundertdreiunddreißig silbernen Feuerwehrspritzen, die über dreihundertdreiunddreißig silberne Dächer spritzten. Luft holen … Und los: Tři sta třicet tři stříbrných stříkaček stříkalo přes tři sta třicet tři stříbrných střech.

GEO SPECIAL IM INTERNET

Mehr Tschechien unter www.geo-special.de/tschechien

SPRACHKURS Sie wollen den Beweis, dass der Zungenbrecher mit den Feuerwehrspritzen (siehe oben) tatsächlich auszusprechen ist? Wir treten ihn im Netz an. Als Hörbeispiele außerdem: das wichtigste Vokabular für Ihre Reise.

VORGELESEN „Die Bier-Revolution", siehe Seite 56, gelesen vom Autor. Auch unter www.geo.de/audio präsentieren wir jede Woche Reise-Faszination zum Hören. Wir fragen GEO-Reporter nach ihren Erlebnissen und machen Lust, unterwegs zu sein.

FOTOWETTBEWERB „Was haben Sie in Tschechien vor der Linse gehabt? Lassen Sie uns teilhaben an ungewöhnlichen Blickwinkeln." Mit diesen Worten haben wir um Ihre Fotos gebeten. Im Internet küren wir die Sieger – mit Begründung der GEO-Bildredaktion.

FUNDSTÜCK

PROVIANTPAKET

SOLLTEN BEIM JÜNGSTEN GERICHT die Völker der Welt einzeln aufgerufen werden, um sich für ihr irdisches Tun zu rechtfertigen, werden die Tschechen gut daran tun, ihre Generosität an einem Proviantpaket zu demonstrieren. Denn wer schon einmal in den Genuss tschechischer Gastfreundschaft gekommen ist, der weiß: Von der als Wegzehrung getarnten halben Speisekammer einer Großfamilie lässt es sich 14 Tage bestens leben. Klassiker der landestypischen Reiseversorgung reichen von hausgebratenen Schnitzeln, klebrigen Getränken über selbst eingelegte Gurken bis hin zu Süßigkeitenbergen und dem berühmten Alibi-Apfel. So weit, so kalorienschwer. Doch woher kommt das Phänomen der überproportionalen Marschverpflegung? Dazu muss man wissen: Der gemeine Tscheche frönt dem Verzehr heimischer Köstlichkeiten mit geradezu himmlischer Hingabe; was er nicht kennt, das isst er nicht. Begibt er sich also auf Reisen, scheut er im Vorfeld keine Mühe, für sein leibliches Wohl in der Fremde zu sorgen. Es wird gekocht, es wird paniert, es wird geschnippelt und geschmiert, als gäbe es kein Morgen. Und am Urlaubsort heißt es dann – Proviant statt Restaurant. Kurz: Wäre Woody Allen als Tscheche geboren, hätte er garantiert nicht gesagt: „Ich glaube an kein Leben nach dem Tode, obwohl ich immer Unterwäsche zum Wechseln dabeihabe." Ihm wären panierte Schnitzel weit wichtiger gewesen.

Kostproben tschechischer Spezialitäten vertreiben **Helena** *und* **Frank Schöning** *unter www.tschechische-produkte.de oder unter Tel. 033397-620 46*

7 GRÜNDE FÜR TSCHECHIEN

WARUM SIE UNBEDINGT BALD REISEN SOLLTEN

GRUND 1

... um Prag zu sehen, dann aber auch zu entdecken, dass Tschechien nicht nur aus Goldener Stadt besteht. Kultur und vor allem Natur bieten sich im Überfluss. Das Prebitschtor in der Böhmischen Schweiz ist nur einer von ungezählten Gänsehaut-Orten in dem 78 866-Quadratkilometer-Land.

GRUND 2

... um sich die Reise nach Hollywood zu sparen. Einen schönen Teppich samt großem Auftritt bietet auch Karlsbad. Jeweils im Juli lädt der Ort zum bedeutenden Filmfestival – und Stars wie Keira Knightley, Robert Redford und Michael Douglas kommen.

GRUND 4

... um mitzufiebern. Denn Eishockey ist – neben Fußball – die Sportart, für die Tschechen alles geben. Kein Wunder bei dem Erfolg! Das Land hält elf Weltmeistertitel. Beste Mannschaft der Liga momentan: HC Energie Karlovy Vary.

GRUND 5

... um sich genau dort provozieren zu lassen, wo man es nicht vermutet. Von David Černý, dem bösen Buben der tschechischen Kunstszene. In Prag haben einige seiner Werke ihren festen Platz: „Brownnosers" in der Futura Galerie.

GRUND 6

... der reichen jüdischen Geschichte wegen. In Třebíč etwa hat sich ein Viertel mit zwei Synagogen erhalten, so einzigartig, dass es heute das erste jüdische UNESCO-Weltkulturerbe außerhalb Israels ist. Noch eindrucksvoller als das Prager Pendant: Josefov.

GRUND 3

... um sich verzaubern zu lassen. Von einem der 2000 zinnenbewehrten Märchenschlösser, die viele Höhenzüge des Landes krönen. Eine Bilderbuchburg ist Karlštejn, einst Aufbewahrungsort für die Kronjuwelen.

GRUND 7

... um 65 Millionen Jahre in die Vergangenheit zu reisen. Im Dinopark Vyškov wird dieser Zeitsprung spätestens dann Wirklichkeit, wenn sich über Ihnen der acht Meter große Brachiosaurus streckt. Oder ein Stegosaurus (Foto) reckt.

WUSSTEN SIE EIGENTLICH, DASS ...

... PRAG einst „Steinerne Stadt" hieß? Damals, als Häuser noch zumeist aus Holz gebaut wurden, eine Anspielung auf den Reichtum der Moldau-Metropole. Erst Karl IV., mächtiger Herrscher des Mittelalters, wollte aus ihr – mit seinen eigenen Worten – eine „Goldene Stadt" machen. Es ist ihm gelungen: Unter seiner Ägide avancierte Prag zum politischen und kulturellen Zentrum Mitteleuropas. **Die Region in Zahlen:** 1,24 Mio. Einwohner, 496 km² Fläche (kleinste Region). **Nicht verpassen:** siehe Seite 134.

... MITTELBÖHMEN mit Škoda einen der ältesten noch produzierenden Autohersteller der Welt aufbietet? Nach ersten Prototypen um die Jahrhundertwende begann 1905 in Mladá Boleslav die Fertigung. **Die Region in Zahlen:** 1,23 Mio. Einwohner, 11 015 km² (größte Region), Regionalhauptstadt Prag. **Nicht verpassen:** Burg Karlštejn; den Schlosspark von Průhonice mit 8000 Rhododendren; Altstadt und Kathedrale von Kutná Hora.

... DIE REGION PILSEN die ergiebigste Bierquelle des Landes ist? Allein die Gesellschaft Plzeňský Prazdroj braut hier jedes Jahr knapp elf Millionen Hektoliter. Wären das alles Flaschen, reichten sie, liegend aneinandergereiht, gut zehnmal um die Erde. *Na zdraví!* **Die Region in Zahlen:** 570 000 Einwohner, 7561 km², Hauptstadt Pilsen. **Nicht verpassen:** die große Synagoge in Pilsen; das Benediktinerkloster Kladruby; das Festival „Na ulici", einen Kultur-Jahrmarkt.

... DIE REGION KARLSBAD die Badewanne des meerlosen Landes ist – mit dem Bäderdreieck Karlsbad, Marienbad, Franzensbad (siehe Seite 102) und den Kurorten Jáchymov und Kynžvart? **Die Region in Zahlen:** 308 000 Einwohner, 3315 km², Hauptstadt Karlsbad. **Nicht verpassen:** die „Singende Fontäne" von Marienbad; das internationale Karlsbader Filmfestival; den mystischen Berg Krudum.

... NORDBÖHMEN den tschechischsten Berg aller Berge beheimatet? Auf dem Říp soll Urvater Čech gestanden haben, als er entschied, wo seine Gefolgschaft fortan leben würde. Zum Dank benannte das Volk das neue Land und sich selbst nach ihm. **Die Region in Zahlen:** 835 000 Einwohner, 5335 km², Hauptstadt Ústí nad Labem. **Nicht verpassen:** die Porta Bohemica; das Sandsteintor Pravčická brána in der Böhmischen Schweiz; Europas älteste Glasfabrik in Chřibská.

... DIE REGION LIBEREC auf Ski steht? Unweit ihrer Hauptstadt liegt das größte Wintersportgebiet der Republik, weshalb die städtischen Verkehrsmittel – einmalig im Land – vom Zentrum direkt an den Lift befördern. **Die Region in Zahlen:** 438 000 Einwohner, 3163 km², Hauptstadt Liberec. **Nicht verpassen:** den Botanischen Garten in Liberec; Berg Ještěd mitsamt seinem futuristischen Sendeturm; den Macha-See.

... DIE REGION HRADEC KRÁLOVÉ ihr eigenes Afrika hat? Der Zoo Dvůr Králové beherbergt die meisten afrikanischen Tiere europaweit (730 Exemplare) und hat gleich sechs Aushängeschilder: einige der letzten Nördlichen Breitmaulnashörner überhaupt. **Die Region in Zahlen:** 554 000 Einwohner, 4758 km², Hauptstadt Hradec Králové. **Nicht verpassen:** die Wallenstein-Allee in Jičín; eine Wanderung durch die Felsenstadt bei Adršpach; die Barock-Skulpturen in Kuks.

... DIE REGION PARDUBICE jährlich das härteste Hindernisrennen auf dem Kontinent veranstaltet? Bisher fanden bei der von Tierschützern stets kritisierten „Velká Pardubická" über 50 Pferde den Tod, einmal schaffte es nicht ein einziges bis ins Ziel. Bekannter noch aber ist Pardubice glücklicherweise für Lebkuchen. **Die Region in Zahlen:** 515 000 Einwohner, 4518 km², Hauptstadt Pardubice. **Nicht verpassen:** siehe Seite 141.

... DIE REGION VYSOČINA die rekordreichste ist? In Pelhřimov nämlich logiert das Museum der Rekorde und Kuriositäten, gefüllt mit weltweit einmaligen Verrücktheiten wie einem Pyjama für 98 Personen. Kein Wunder, dass Tschechen auch mit Einträgen im Guinnessbuch sehr weit vorn liegen. **Die Region in Zahlen:** 515 000 Einwohner, 6796 km², Hauptstadt Jihlava. **Nicht verpassen:** die Altstadt von Telč; das internationale Festival der Chorkunst in Jihlava; den Wilden Westen in Šiklův mlýn.

... SÜDBÖHMEN das größte Biosphärenreservat des Landes birgt? Šumava grenzt direkt an den Bayerischen Wald und bildet mit ihm das gewaltigste mitteleuropäische Waldgebiet, oft auch als „Grünes Dach Europas" bezeichnet. **Die Region in Zahlen:** 636 000 Einwohner, 10 057 km², Hauptstadt Budweis. **Nicht verpassen:** siehe Seite 138.

... SÜDMÄHREN neun von zehn tschechischen Weingütern eine Heimat ist? Und außerdem mit dem Weinkeller von Přímětice wuchern kann, in dem durchschnittlich eine Million Weißwein-Liter lagern. **Die Region in Zahlen:** 1,15 Millionen Einwohner, 7196 km², Hauptstadt Brünn. **Nicht verpassen:** das Biosphärenreservat Bílé Karpaty; eine Motorbootfahrt auf dem unterirdischen Fluss Punkva, der das längste Höhlensystem Tschechiens durchfließt; die mährischen Weinradwege.

... DIE REGION OLOMOUC sich mit einer besonders reichen Historie schmücken kann, etwa der ältesten Wasserheilanstalt der Welt? Der Landwirt Vinzenz Prießnitz gründete diese 1822 in Jeseník. **Die Region in Zahlen:** 643 000 Einwohner, 5267 km², Hauptstadt Olomouc. **Nicht verpassen:** die Altstadt von Olomouc; einen Spaziergang durch das Moor bei Rejvíz; die typisch mährische Knoblauchsuppe.

... MÄHRISCH-SCHLESIEN mit dem größten Rathaus der Republik punktet? Hausherr: der Bürgermeister von Ostrava. Ein Bau, der an alte Größe erinnert. Einst war die regionale Hauptstadt eines der wichtigsten Industriezentren des Landes. **Die Region in Zahlen:** 1,25 Mio. Einwohner, 5427 km², Hauptstadt Ostrava. **Nicht verpassen:** das Schloss Hradec nad Moravicí; Gustav Klimts berühmte „Judith" in der Kunstgalerie von Ostrava; den Gipfelblick vom Lysá hora.

... DIE REGION ZLÍN mit Baťa den einst weltweit größten Schuhproduzenten hervorgebracht hat? Und wer weiß, vielleicht waren es ja auch Baťa-Schuhe, in denen die Zlínerin Ivana Zelníčková ihren späteren Ehemann kennenlernte, den Milliardär Donald Trump. **Die Region in Zahlen:** 591 000 Einwohner, 3963 km², Hauptstadt Zlín. **Nicht verpassen:** siehe Seite 139.

Kristina Chmelař

Drei Fragen an …

▸ **FILIP SAJLER**

30, Kultkoch der Sendung »Jungs in Aktion« mit Kochpartner Ondřej Slanina (rechts)

GEO SPECIAL: Sie sind zu Fernsehstars avanciert, weil Sie böhmische Kost so frech interpretieren. Wie also revolutioniert man den Knödel?

FILIP SAJLER: Indem man die Hausfrauen über den Tellerrand gucken lässt. Wir nehmen unsere Zuschauer mit auf kulinarische Reisen rund um den Globus. Und während wir Gemüse häckseln, schwärmen wir von dessen Herkunftsland. Spannend sind ja gerade die Kombinationen verschiedener Küchen, das nennt sich dann *fusion cuisine*. So ein französisches Confit de Canard, also eingemachte Ente, mit unseren Karlsbader Knödeln. Sehr lecker!

GS: Ist diese Art Nachhilfe nötig?

FS: Und ob. Fünf Jahrzehnte Kommunismus sind auch an den hiesigen Herden nicht spurlos vorbeigegangen. Wir hatten überall den gleichen Einheitsbrei. Gemüse wie Spargel, aber auch andere Köstlichkeiten wurden einfach vergessen. Mit uns kommen sie zurück auf den Tisch. Nachhilfe gibt es aber auch in Sachen Beilagen. Ondřej Slanina, mein Kochpartner, nennt sie immer „das Krebsgeschwür der tschechischen Küche". Auf den Tellern vieler Tschechen wuchern sie nämlich aus. Ganz falsch. Wer Schnitzel essen will, sollte auch Schnitzel schmecken. Wenig Kartoffelsalat, eine Scheibe Zitrone und das Röschen Petersilie gehören dazu. Sonst nichts.

GS: Und wofür würden Sie, kulinarisch gesehen, sterben?

FS: Auf jeden Fall für ein solches Schnitzel. Denn, ja, wir probieren zwar Molekularküche. Aber besser schmeckt es meist in einem normalen tschechischen Gasthaus.

VERBLÜFFENDE VERBINDUNG

Die Lieblingsbrücke des Landes wird generalüberholt. Dabei kommt Erstaunliches zu Tage

WAS DIE KARLSBRÜCKE im Innersten zusammenhält, haben Prager Chemiker jüngst ergründet: rohe Eier, einst Mörtel beigemischt, um dessen Festigkeit zu erhöhen. Damit scheint eine jahrhundertealte Legende über den im Jahr 1357 begonnenen Brückenbau belegt zu sein: Der König soll Untertanen aller Landesteile aufgerufen haben, Eier nach Prag zu liefern. Dass daraufhin auch hart gekochte Gaben eintrafen, war weniger in seinem Sinn. Die aufschlussreiche Probe des Originalmörtels wurde bei Reparaturarbeiten entdeckt. Eine Generalüberholung der berühmten Brücke und ihrer 30 smoggeschwärzten Skulpturen dauert noch bis mindestens Juni 2010 an, Vollsperrungen sind nicht geplant. Der fragilen Moldau-Querung haben Autoabgase, Witterung und nicht zuletzt Tausende Flaneure täglich zugesetzt. Immerhin wissen Letztere nun, dass sie auf rohen Eiern gehen.

Steht auf der Karlsbrücke seit Jahrhunderten im Mittelpunkt: der heilige Nepomuk

KRINGEL VON GESTERN

Céčka kosten nicht einmal einen Cent pro Stück, für ihre Liebhaber aber sind sie unbezahlbar. Weil sie Erinnerungen wecken

SIE WAREN EIN FLOP und haben es doch noch zu einem der erfolgreichsten Produkte im Sozialismus gebracht: Céčka, kleine Plastikbuchstaben, meist in Form eines „C". Zu Vorhängen geknüpft, sollten sie, so die Ursprungsidee, dem sozialistischen Alltag zu etwas Farbe verhelfen. Allerdings blieb die Nachfrage hartnäckig gering – bis Kinder die kunterbunten Kringel entdeckten. Für das, was in den 1970er und 1980er Jahren folgte, wurde der Ausdruck „Céčka-Fieber" geprägt: eine wahre Sammelhysterie. Überlebt hat der Céčka-Mythos bis heute, nicht selten weckt er warme Kindheitserinnerungen, eine sehnsuchtsvolle Nostalgie. Leider kippt diese bisweilen ins Negative: Ähnlich wie in den neuen Bundesländern verklären auch in Tschechien viele Menschen das totalitäre Regime. Jeder Fünfte denkt gern an das alte System zurück. Nur vier von zehn Tschechen sind heute zufriedener als damals. Bleibt zu hoffen, dass wenigstens dieses Fieber vorübergeht.

Extravaganz leistete sich die Noblesse von Lednice nur zu gern – architektonisch wie ornithologisch. Startet der Mäusebussard, wird er über Europas größtem Landschaftspark kreisen

Aufschwung Ost

Da fliegt selbst die UNESCO drauf. Kaum ein Dorf ohne Schloss, kaum ein Hügel ohne urwüchsige Natur. Tschechien ist überraschend reich an Pracht, die zum Welterbe der Menschheit gehört. Eine Reise durch ein weithin unterschätztes Land

FOTOS ¬ ANDRI POL

Křivoklátsko

Heimat für besonders viele Arten: das Schutzgebiet Pürglitzer Wald. Hier, um die sich wild windende Berounka, gedeiht Anspruchsvolles wie Graslilie, Waldkornblume und Küchenschelle. Auch eine signalfarbene Spezies hat sich bestens vermehrt: die der Kanuten

Telč

Um keine Missverständnisse aufkommen zu lassen: Hauptattraktion ist hier beim besten Willen nicht das gelbe Plastikboot. Im Umkreis der Marienstatue von Teltsch erstreckt sich ein makelloses Renaissance-Ensemble, das weltweit seinesgleichen sucht

Pálava

Schweißtreibend versprechen die Pollauer Berge nicht nur für Kletterer zu sein. Das südmährische Tiefland, in dem sich die Jurakalk-Riesen erheben, liegt im wärmsten und trockensten Teil des Landes. Selbst Mammutjäger sollen hier bereits transpiriert haben

Zelená Hora und Kutná Hora

Die sternförmige Wallfahrtskirche im Rapsfeld birgt ein Knöchelchen des Märtyrers Johannes von Nepomuk. Im Beinhaus von Kutná Hora sind es die Knochen von gleich 40 000 Toten. Zusammengefügt zu Kunst, wie sie befremdlicher kaum sein kann

Český Krumlov

Südböhmens wohl strahlendste Stadtschönheit wird 2009 genau sieben Jahrhunderte alt, davon wurde allein sechs Jahrhunderte lang am Wahrzeichen gewerkelt.

Das Ergebnis: eine Burganlage mit Spitze und mehr Zimmern, als ein Jahr Tage hat

Lednice-Valtice

Die Hansenburg hat sich Alois I. von Liechtenstein um 1800 gleich als Ruine anlegen lassen. Der Romantik wegen. Wenig verwunderlich, dass das Gemäuer bis heute vor allem Hochzeitsgesellschaften anzieht. Ehen soll das noch nicht ruiniert haben

Ansichten eines abgehobenen Tschechen

Seit seinem Debütroman gilt Jaroslav Rudiš als Jungstar der tschechischen Literatur. Geerdet ist er trotzdem geblieben. Nur für GEO Special hat Rudiš einen Hüpfer auf den Mond gemacht – und von dort tief in die Seele seiner Landsleute geschaut

ILLUSTRATION ¬ **JAROMÍR 99**

Die Verwandlung

ICH SITZE WIEDER EINMAL IM ZUG PRAHA-BERLIN und warte ungeduldig auf den Moment der Verwandlung, der stets direkt hinter der Grenze in Bad Schandau kommt. Der Zug rattert, ich schlafe ein. Und träume davon, dass mein Express nicht durch die langweilige Brandenburger Ebene nach Berlin rauscht, sondern ganz woanders hinstrebt, nach oben, zum Himmel. Er durchbricht die Wolken und fährt geradewegs zum Mond. Dort bremst er scharf ab und hält. Ich steige aus und sehe, dass mir Juri Gagarin und die anderen Astronauten aus der Weltraumkneipe zuwinken. Und natürlich haken sie mich sofort unter; wir gehen gemeinsam „Erde gucken".

Als Kind stellte ich mir gern vor, ich würde mein Land vom Mond aus betrachten. Damals half mir mein alter Globus „made in German Democratic Republic" bei den Höhenflügen. Aber die Zeiten ändern sich, heute haben wir Google Earth.

Ich schwebe also hoch über der Erde und nehme mein Geburtsland ins Visier. Von oben sieht Tschechien wie eine Kinderbadewanne aus, in der ein zu groß geratenes, molliges Baby planscht. Ein Beinchen streckt es nach Polen, das andere in die Slowakei; und wenn es die Arme nach hinten reckt, fliegen in Sachsen und Bayern sogleich ein paar Städte weg.

Die Talmenschen

MAN SAGT, der böhmische, von Bergketten gesäumte Kessel sei durch den Einschlag eines Riesenmeteoriten oder durch das Verschwinden des Urmeeres entstanden. Ein übergeschnappter Freund konspirativer Theorien beschuldigt gar eine extraterrestrische Atomexplosion, verursacht von einem UFO. Wie es wirklich gewesen ist, kann kaum aufgeklärt werden, jedenfalls steht fest: Diese sanfte Vertiefung lässt mich und meine Landsleute zu einem Volk der Talmenschen werden und macht eine ewige Sehnsucht nach frischem Wind, nach Bewegung und Weitblick zu unserem Schicksal. Doch zugleich, ich will es nicht leugnen, ist da auch die Furcht, sich bei zu viel Frischluft einen Schnupfen zu holen.

Das breite böhmische Tal ist unsere Heimat – und ein Kerker, in dem unsere Sehnsucht gefangen gehalten wird. Das Land zu verlassen, heißt nicht nur, die Bergketten von Riesengebirge, Erzgebirge und Böhmerwald zu überwinden, sondern auch sich selbst. Die meisten Tschechen sind dafür zu bequem und bleiben lieber zu Hause. Von den fünf Freunden, mit denen ich in der Grundschule einst Astronaut gespielt habe, leben drei noch dort, wo sie geboren wurden. Sie können nicht fassen, wie ich ein Jahr in Berlin und über zehn Jahre in Prag verbringen konnte, ohne zu denaturieren.

Tschechen bewegen sich nicht fort. Sie hassen es, umzuziehen (oder auch nur über einen Umzug nachzudenken). Und verlassen sie das geliebte Land doch einmal, tasten sie sich tatsächlich einen, vom Mond aus gesehen, winzigen Schritt weit in die Welt vor, dann drohen sie an Heimweh zu sterben: *touha po domově*, ebenjenes Heimweh, gilt hierzulande als Krankheit, die unheilbar ist. Vergeblich suchen dann meine verlorenen Mit-Tschechen auf Planeten wie New York oder Paris nach dem passenden Mehl für böhmische Knödel und den Zutaten für *utopence*, Ertrunkene. Gemeint sind nicht die Menschen selbst, sondern Fleischwurst, fein eingelegt in Essig, Pfeffer und Zwiebeln, die so unnachahmlich nach Heimat schmeckt, weil sie nur in Tschechien serviert wird.

Das Böhmische Paradies

ALS ICH SO NEBEN GAGARIN STEHE, fällt mein Blick – 50° 35' N, 15° 9' O – unwillkürlich auf den behäbigen Ort, in dem ich geboren wurde: Turnov, gelegen in einer Landschaft, die man Böhmisches Paradies nennt. Das Paradies im engen geographischen Sinn besteht aus ein paar markant geformten Felsen, verlassenen Märchenburgen, in denen es spukt, und aus unendlich langen Kirschbaumalleen. Im weiteren Sinne aber umfasst es für einen Tschechen selbstverständlich das ganze unvergleichliche Land.

Nehmen Sie Prag, eine moderne, der globalisierten Zukunft entgegenrasende Großstadt, von der sich jeden Tag Tausende von Touristen unsichtbare Scheiben abschneiden. Möglicherweise verschwindet sie eines Tages auf diese Weise ganz. Dann wäre auch mein Freund Thomas im fernen Hamburg schuld. Er ist der klassische Mann – Typ Jäger. Mit jedem erlegten menschlichen Rehkitz bricht er sofort zu einem Liebeswochenende nach Prag auf. Immer dasselbe Ritual: ein Spaziergang vom Hradschin über die Karlsbrücke bis zur astronomischen Uhr am Altstädter Ring, von der zur vollen Stunde die Apostel herabblicken. Abschließend zeigt er seiner jeweils aktuellen Angebeteten die verrauchte Kneipe „U vystřelenýho oka“, Zum ausgeschossenen Auge. Die Frauen finden das schön, lassen Thomas aber kurz nach dem Ausflug wieder sitzen. Und der Arme weiß nicht, was er falsch macht. Ich sage dann immer, er sei zu romantisch, und rate zu einem Besuch beim Psychologen oder einem Ausflug nach Poděbrady – einem an der Elbe gelegenen Heilbad, in dem Herzkrankheiten kuriert werden. „Aber Prag ist Prag“, entgegnet Thomas stets. Da hat er natürlich recht.

Ich bin in Prag zu Hause, aber beileibe kein Prager, so wenig, wie es die meisten meiner Freunde sind. Ich gehöre zur sogenannten *náplava*, Anschwemmung. Zu jenen Provinzlern also, die von der Aussicht auf Arbeit in die Hauptstadt gelockt wurden. Oder von der Liebe. Oder von der Langeweile.

Bei mir war es alles zusammen, und dennoch schrecke ich vor einer Selbstbezeichnung als Prager zurück, denn der Rest von Tschechien mag die so abgestempelten Menschen nicht. Sie gelten als arrogante, parfümierte Hohlköpfe, so abgehoben, wie es die Marsmissionen dieser Tage sind. Wahrscheinlich habe ich mich deshalb im ehemaligen Arbeiterviertel Žižkov mit seinen bröckelnden Hausfassaden und dem wohltuenden Hauch von Provinzialität niedergelassen. Es liegt auf einem Hügel unweit des Stadtzentrums, aber doch ziemlich weit entfernt von allen touristischen Umlaufbahnen. Wer das echte Prag kennenlernen will, der muss hierherkommen. Denn Prag ist nicht nur Brücke und Burg, wie die aus der Peripherie stammenden Hip-Hopper PSH ganz richtig rappen.

Innerhalb von Žižkov bin ich bereits viermal umgezogen – pro Wohnung eine Beziehung. Und bei jedem Umzug dehne ich, ganz tschechischer Erdling, mein Territorium nur um eine einzige Straße aus. Mittlerweile wohne ich direkt unter dem futuristischsten und höchsten Gebäude Prags: dem Fernsehturm. Auf seinem Körper krabbeln schwarze Babys, keiner weiß, wohin und warum; irgendwie erfrischend. Die Menschlein sehen aus wie Außerirdische. Der Turm gleicht ihrer kosmischen Rakete, mit der auch wir Hauptstädter vielleicht bald fliehen. Spätestens, wenn die Regierung das nächste Mal so grandios kollabiert wie gerade erst.

Unweit der Rakete wohnen auch die meisten meiner Freunde. Wir haben hier unser „Café Pavlač“, unser „Kino Aero“ und die Lieblingskneipen „U Houdků“ und „U Sadu“. Im Grunde, so bemerke ich mit gehörigem Abstand, ist aus mir ein Dörfler inmitten einer Großstadt geworden. →

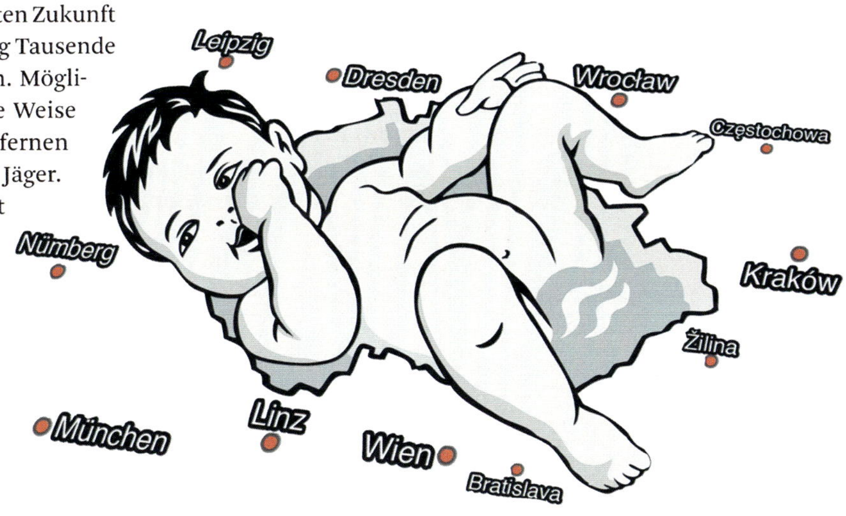

Lichtjahre in die Vergangenheit

VOM MOND AUS betrachte ich auch die Ränder der tschechischen Badewanne. Liberec in Nordböhmen liegt verhangen da; die Wolken kommen von der Nordsee und schütten ihre nasse Last regelmäßig genau über dieser Stadt aus. Nirgendwo in Tschechien scheint es häufiger zu regnen. Das kann ich mit Sicherheit sagen, denn ausgerechnet dort habe ich neun Jahre lang studiert, gelebt und als Portier im Grandhotel gearbeitet.

Ich erinnere mich an das Gästebuch des hohen Hauses, in dem sich die ganze Geschichte Mitteleuropas widerspiegelte: Kaiser Franz Joseph hatte sich in ihm verewigt, Hitler und Himmler hatten Signaturen gesetzt, die kommunistischen Oberhäupter Gottwald und Ulbricht, der Astronaut Gagarin und auch die unsterbliche goldene Stimme von Prag – Karel Gott. Doch dann hat irgendein Idiot das Buch geklaut und die Geschichte gleich mitgenommen. Das ist bezeichnend, denn in Tschechien bedeutet Geschichte auch immer Suche.

Reichenberg, wie Liberec einst hieß, war die Kapitale der Sudeten, eine wahre sudetendeutsche Metropole. Als ich zum ersten Mal in der Stadt war, ein kleiner Junge, haben mich die Aufschriften fasziniert. Nicht die tschechischen, sondern die deutschen Wörter, die zwar übermalt, aber doch noch sichtbar waren: „Posthaus", „Strumpfwaren", „Güterabfertigung". Bis heute ist das Sudetenland eine Gegend mit stark dramatischem Potenzial geblieben – eine vernarbte und trotzdem unglaublich schöne Landschaft.

Momentan wird sie von Neuzeitromantikern wiederentdeckt, von Schriftstellern und Künstlern, die nach ihren gebrochenen Wurzeln suchen. Früher ein Tabu, in der Schule haben wir über die Deutschen wenig gelernt. Erst später erfuhr ich, dass sie – anders als wir Tschechen – von „Vertreibung" sprachen. Und erst dadurch wurde mir klar, in welcher äußerst glücklichen kosmischen Minute wir augenblicklich leben. Ich wünschte, es möge für immer so bleiben, aber hier bei uns hat es die Ruhe noch nie lange ausgehalten.

Der Tscheche an sich

DIE TSCHECHEN SIND WAHRE MEISTER IM ABHEBEN, Weltmeister der Was-wäre-wenn-Fantasie. Über einem halben Liter Bier lassen sich mit herrlicher Leichtigkeit Politik und Geschichte machen, weltumspannende Reisen planen, herausragende Romane schreiben und Erfindungen erdenken, mit denen alle Galaxien offenstehen.

Es gibt Menschen, die sich kopflos in ihre Bierliebe stürzen und das Glas in einem einzigen langen Zug leeren. Es gibt aber auch die scheuen Romantiker, die mit ihrem Bier zunächst nur flirten. Bevor sie den ersten Schluck nehmen, schnuppern sie an ihrem goldenen Trunk, liebkosen mit den Fingern den Bierschaum, ja manchmal schmieren sie sich sogar etwas von ihm ins Haar. Das nennen sie Taufe. In einem aber sind alle gleich: Nach dem dritten Glas muss der gemeine Tscheche auf die Toilette, und dort wird er nicht nur vom Bier, sondern auch von allen Ideen und Illusionen verlassen. Daher fängt er von Neuem mit dem Trinken an. Das ist der verflixte Kreislauf der tschechischen Kreativität.

Ich sitze also auf dem Mond, trinke aus irdischer Gewohnheit – und spüre schmerzlich die Distanz zu meinem Heimatland. Wir Tschechen haben es nämlich nicht gelernt, Abschied zu nehmen. Bei uns schmeißt man noch nicht mal etwas weg, weil alles eines Tages zupasskommen kann. Kauft man bei Ikea neue Möbel, heißt das noch lange nicht, dass man die alten aussortiert. Sie werden im Wochenendhaus gebraucht, auf den Dachboden geschleppt, irgendwo untergestellt. Im schlimmsten Fall baut sich ein Tscheche im Laufe seines Lebens die eigenen vier Wände komplett zu. Weshalb der Besuch einer tschechischen Wohnung nicht selten der Erkundung eines fremden Sonnensystems gleicht. Terra incognita. Als Gast müssen Sie vor der Tür die Schuhe ausziehen und bekommen spezielle, meist altersschwache Hausschlappen ausgehändigt. Merke: Die Wohnung ist des Tschechen Heiligtum.

Und lassen Sie sich bei einem solchen Besuch bloß nicht von der singenden Sprache der Hausherren verwirren, diesem schnellen melodischen Tschechischen, in dem ab und an ein verballhorntes deutsches Wort mitschwingt, das im Laufe der Zeit eingesaugt wurde. „Nonono" kann Nein bedeuten, aber auch ein nachdenkliches Ja. Und „Jojojo" heißt noch lange nicht freudige Zustimmung, sondern manchmal das Gegenteil. Wir Tschechen können uns eben selbst schlecht entscheiden. Unser Hang zu Verharrung und Sentiment wird zum Glück ausgeglichen durch Selbstironie: die einzige nationale Eigenschaft, die ich wirklich mag und die letztlich immer gewinnt. Die uns alle rettet. Und das ist auch gut so. ■

Schriftsteller **Jaroslav Rudiš**, 37, und Illustrator **Jaromír Švejdík**, 45, sind ein hoch erfolgreiches Duo – als Schöpfer der Comicfigur

Alois Nebel, eines verwirrten Bahnbeamten, der in Tschechien bald zum Kinohelden avanciert. Rudiš, Enkel eines Eisenbahners, hat bereits mit den Romanen „Der Himmel unter Berlin" und „Grand Hotel" brilliert.

Am 9. Juli 1357 wurde ihr Grundstein gelegt. Heute ist die Karlsbrücke eines äußerst selten: leer

Prag Zukunft findet Stadt

TEXT ¬ WOLFGANG MICHAL

Sie ist die Mutter aller Städte, hunderttürmig, tausendjährig. Eine ideale Postkartenkulisse. Und genau darin liegt für nicht wenige Prager das Problem. Um Prag ist ein Streit entbrannt: Bewahrer gegen Veränderer. Untenbleiber gegen Hochhinauswoller. Es geht um viel

LINKS Für Wenzel ging es nach oben. Das Denkmal ersetzt ein älteres, bei dem der Nationalheilige noch auf eigenen Füßen stehend über den Václavské náměstí blicken musste **RECHTS** Nach unten: Blick vom Turm des Altstädter Rathauses

MEINE BÖHMISCHE GROSSMUTTER machte eine wunderbare Grießnockerlsuppe. Mit großen, festen Nockerln aus Butter, Eiern, Hartweizengrieß, etwas Salz und Muskat. Die lagen in einer goldgelben Rinderbrühe und waren mit Petersilie bestreut. An diese Suppe muss ich denken, als ich vom Aussichtsturm des Petřín-Hügels auf die golden schimmernden Dächer Prags hinunterblicke. Denn das historische Stadtzentrum liegt im Moldaukessel wie eine Grießnockerlsuppe im Teller.

Der Teller ist etwa 100 Meter tief und hat einen Durchmesser von vier Kilometern. Vom Tellerrand – vom Hochplateau, das die Stadt umgibt – sind die Nockerln in der Suppe gut zu erkennen: der Letná-Hügel, der die Moldau zu einer 90-Grad-Biegung nach Osten zwingt, der Vítkov-Hügel mit seinem Nationaldenkmal, der Pankrác-Hügel, auf dem ein Hochhausviertel entsteht, und der Hradschin-Hügel mit der noch immer mächtigsten Burganlage der Welt.

Nun prägt die Lage einer Stadt ja nicht nur das Empfinden eines Betrachters, sondern auch die Mentalität der Bewohner. Viele Prager schätzen es, in einer Mulde zu leben, weil sie sich dort eingebettet und geborgen fühlen. Weil die Landschaft Deckung und Sicherheit verspricht. Es gibt aber auch zunehmend Prager, die das Kuhlendasein satthaben und endlich über den Tellerrand hinausschauen wollen – aus Neugier und in der festen Überzeugung, dass die guten Zeiten Prags immer mit diesem Höherhinauswollen zu tun hatten. Zwischen beiden Gruppen, den Verteidigern des Untenbleibens und den Lobpreisern des Hochhinauswollens, gibt es Streit. Die einen sorgen sich, die Stadt werde ihren einzigartigen Charakter verlieren, wenn sie die Talsohle verlässt und ungebremst in die Höhe schießt, die anderen unken, sie bleibe weit unter ihren Möglichkeiten, wenn sie im eigenen Saft schmore und jede Höherentwicklung ablehne.

Dieser Streit ist keineswegs nur auf Stadtplaner und Denkmalschützer begrenzt, auch wenn deren Disput am lautesten ausgetragen wird. In Wahrheit tangiert er das Lebensgefühl aller Prager. Denn die Erfahrung hat sie gelehrt, dass Oben und Unten in dieser Stadt eine oft schicksalhafte Rolle spielen.

GANZ UNTEN BEZAUBERT PRAG durch eine fast heilige Schönheit: Am Moldauufer, nicht weit von der alten Kaiserinsel entfernt, steht Prags erste mechanische Kläranlage. Sie wurde an der tiefsten Stelle der Stadt gegraben, damit die Abwässer aus den Häusern zusammenfließen konnten. Aus drei Öffnungen schoss die Brühe in einen 34 Meter langen „Sand-Dom“, wo der gröbste Unrat mit einem Rechen herausgekämmt wurde. In der benachbarten „Krypta“ sorgte ein Wasserrad dafür, dass die Abluft über einen Kamin nach draußen kam.

Jiří Müller vom „Freundeskreis der alten Prager Kläranlage“ führt mich stolz durch seine Schmutzwasser-Kathedrale – →

obwohl ihn ganz fürchterliche Magenschmerzen plagen. Manchmal wendet er sich ab, bittet um eine Pause, doch jedes Angebot, ihn zum Arzt zu bringen, lehnt er ab. Er will mir unbedingt die Schönheit hier unten zeigen. Vor sechs Jahren hat er sich Hals über Kopf in die Kläranlage verliebt. Und seither präsentiert er allen, die einen Sinn für „so etwas Großartiges" haben, die verborgenen Reize seiner Geliebten.

Das Gewölbe der „Kathedrale" liegt sechs Meter tief unter der Erde, und ich staune – zur Freude Müllers –, dass selbst dort, wo niemand architektonische Feinheiten erwartet, mit äußerster Präzision und Geschmackssicherheit gebaut wurde. Aus Formziegeln haben die Maurer vollendete Rundbögen gestaltet, sogar die Kloakenöffnungen sind fein terrassiert.

MÜLLERS BEGEISTERUNG für die Schönheiten des Prager Untergrunds ist beileibe keine Ausnahme. Je weiter ich nach unten komme, desto warmherziger erzählen die Prager von ihrer Stadt. Ob es die Ingenieure Jan Hrazdira und Milan Petráček sind, die mir unter den alten sowjetischen Rolltreppen der U-Bahn-Station Florenc mit Hingabe jeden Schalter einzeln erklären, oder ob mich der Generaldirektor des Prager Tunnelsystems, Otakar Čapek, mit der Bemerkung verblüfft, dass bei seiner Firma noch nie ein Mitarbeiter gekündigt habe, weil sich im Bauch der Stadt alle so wohlfühlen. Čapek zeigt mir auch, dass das Abschotten und Sicheinigeln schon immer zu den Prager Gewohnheiten gehörte. So entdeckten Tunnelarbeiter bei Grabungen zur U-Bahn-Haltestelle Můstek, dass dort einst eine Brücke stand. Das bewies, dass die Altstadt im Mittelalter eine Insel in der Moldau war, doppelt abgeschirmt und gesichert durch eine Stadtmauer und einen natürlichen Wassergraben.

Dann drückt mir ein Mitarbeiter Čapeks einen Bergmannshelm in die Hand, und wir fahren im Aufzugschacht eines Altstadthauses fast 40 Meter in die Tiefe. Unten im Stollen wartet eine Bimmelbahn, und los geht die Fahrt durch das unterirdische Prag. Insgesamt 90 Kilometer lang, länger als in jeder anderen europäischen Stadt, sind die *kolektory*, jene Kabeltunnel, die alle wichtigen Versorgungsleitungen in sich aufnehmen – Warmwasser, Trinkwasser, Gas, Strom, Telefon, Glasfaser. Die Kabel liegen farblich geordnet auf Haltestangen, die zu Hunderttausenden in die Tunnelwände gerammt worden sind. Bei Störungen kann eine schadhafte Leitung so unverzüglich gefunden und repariert werden, kein Bagger muss die Straßen aufreißen. Es gibt hier unten sogar Kreuzungen, an denen die Bimmelbahn ordnungsgemäß pfeift, und Straßenschilder, die einem die Orientierung erleichtern.

Wir halten direkt unter den Tresoren der Nationalbank. Doch alle dummen Sprüche, ob und wie man da von unten hineinkäme, werden mit einem mitleidigen Kopfschütteln abgewehrt. Null Chance! 45 000 Sensoren stecken in den Tunneln, Gasmelder, Bewegungsmelder, Temperaturmelder, Sauerstoffmelder – jede Auffälligkeit wird sofort an die Zentrale gefunkt, wo auf einem schrankwandgroßen Monitor die Alarmlämpchen blinken. Innerhalb von Sekunden wären Handwerker oder Polizisten zur Stelle. Es komme nur noch selten vor, so Čapek, dass sich jemand an einer der 13 000 grünen Metallplatten im Prager Kopfsteinpflaster zu schaffen mache. Selbst unter den Obdachlosen, die gern ein warmes Plätzchen unter dem Wenzelsplatz suchten, habe sich das perfekte Warnsystem herumgesprochen.

Vielleicht ist die Sehnsucht nach Sicherheit überhaupt der Schlüssel für die Bodenhaftung der Prager. Sie wissen: Wer unten bleibt, ist nicht oben, wo es gefährlich werden kann. Und jeder, der sich mit Prag beschäftigt, wird früher oder später mit einer Verhaltensweise konfrontiert, die in keiner anderen Stadt so konsequent praktiziert worden ist: der Defenestration, dem Hinauswerfen von Menschen aus dem Fenster. Am 30. Juli 1419 fing es an. Da warfen aufgebrachte Anhänger des früheren Prager Rektors Jan Hus einige kaiserliche Ratsherren aus dem zweiten Stock des Neustädter Rathauses, Fallhöhe sechs Meter. Knapp 200 Jahre später, am 23. Mai 1618, stießen erzürnte Protestanten zwei Emissäre des Kaisers und einen Schreiber aus einem Fenster der Böhmischen Kanzlei auf dem Hradschin. Die Opfer fielen 17 Meter. Am 10. März 1948, wenige Tage nach der Machtübernahme der Kommunisten, lag der tschechoslowakische Außenminister Jan Masaryk zerschmettert im Innenhof seines Amtssitzes.

Marika Veličová, eine Mitarbeiterin des Außenministeriums, führt mich in die Räume seines ehemaligen Apartments. Das prachtvolle Barockpalais wirkt verwaist, denn die Regierung tagt an diesem Tag in Südböhmen, um eine der vielen Koalitionskrisen zu entschärfen. Normalerweise, sagt Marika Veličová, sei sie da, um Kaffee zu kochen, doch inzwischen erledigten die Maschinen das viel besser. Also führt sie mich herum. Das grün gekachelte Badezimmer mit der martialischen Duschglocke aus Eisen und den bulligen Wasserkränen an der Badewanne wirkt nicht gerade heimelig. Hier, sagt Veličová und deutet auf eine Unebenheit im Fensterbrett, sei ein Stück Holz ausgetauscht worden, man habe auch „etwas Sekret" gefunden, das von Jan Masaryk stammt.

Es wird vermutet, dass in der Nacht zum 10. März ein Kampf auf Leben und Tod stattgefunden hat. Dass Schergen des Geheimdienstes in die Wohnung eingedrungen seien und Masaryk gegen heftigen Widerstand über das Fenstersims bugsierten. Als man ihn fand, trug er noch seinen Schlafanzug. Ich messe eine Fallhöhe von 13 Metern.

Irgendwann nach diesem Ereignis müssen die Prager beschlossen haben, Politik lieber unten in den Kellern zu machen, wegen der geringeren Absturzgefahr.

DIE UNTENBLEIBENWOLLER sind in Prag eine mächtige Fraktion. Und es ist keineswegs so, dass ihr nur die unteren Schichten angehören. Große Teile der nationalen Eliten sehen die Gefahren des Obenseins noch →

Prag ist alt, sehr alt. Schon die Neustadt zählt 661 Jahre. Dass die Stadtgeschichte allerdings bis Adam und Eva zurückreicht? Ein Gerücht. Nur die Türme der Teynkirche tragen diese biblischen Namen: Adam ist dicker als Eva

LINKS Lediglich dem Namen nach neu: die Neue Schlossstiege RECHTS Im Zweiten Weltkrieg zerriss eine einzige Fliegerbombe die alte Bausubstanz. Lückenbüßer seit 1996: Frank O. Gehrys seltsam instabil wirkendes »Tanzendes Haus«

OBEN Blühende Protestkultur: Die John-Lennon-Mauer am Velkopřevorské-Platz wurde zu kommunistischen Zeiten so oft bemalt, bis die Polizei aufgab. Noch heute ist er schrill, der Ort **UNTEN** Still: der Laurenziberg

viel deutlicher. Es ist ihnen ins kollektive Gedächtnis eingebrannt, wie verhängnisvoll die Glanzzeiten endeten, in denen Prag der gefeierte Mittelpunkt Europas war. Auf Karl IV. folgten die Hussitenkriege, auf Rudolf II. Gegenreformation und Dreißigjähriger Krieg. Und nach der Befreiung vom Faschismus setzte sich bald ein bleierner Kommunismus auf die Stadt. Immer wurden die nationalen Eliten vertrieben, enteignet, eingesperrt oder hingerichtet. Also vermeiden sie es, offen auf dem europäischen Präsentierteller zu liegen. Sie wissen: Hoch-Mut kommt vor dem Fall! Doch ihre durch Schaden erworbene Klugheit macht sie auch verstockt.

Rückfall der Prager in nationale Enge und Selbstzufriedenheit. Besorgt registrierten sie, dass zwar die Zahl der Besucher, die das Freilichtmuseum Prag bestaunen, von Jahr zu Jahr anschwillt, die zeitgenössische Kunst aber kaum noch Beachtung findet und deshalb auf der Stelle tritt.

Im Szeneviertel Žižkov ist das deutlich zu spüren – bei einem Konzert der grandiosen Prager Band Finský Barok. Der Saal des Akropolis-Palasts, eines unterirdisch gelegenen Theaterlabyrinths, bleibt halb leer. Die Musiker knödeln ihre Songs, eine absurde Mischung aus Rock, Free Jazz, böhmischer Blasmusik und Kirchenchoral. In Anzug und Krawatte, mit zurückgegelten Haaren und Sonnenbrillen sehen sie aus wie eine Combo aus Leningrad Cowboys und Helge Schneider. Vor 15 Jahren hätten sie damit Aufsehen erregt.

HOCH-MUT KOMMT VOR DEM FALL

Darunter leiden vor allem die Künstler und Kosmopoliten. So stand auf dem Letná-Hügel lange Zeit die gewaltigste Stalin-Statue Osteuropas, mit herrlichem Blick über die Altstadt und die flussaufwärts gelegenen Moldaubrücken. In den 1960er Jahren wurde sie vom Sockel gerissen. Doch auch die blaue Europafahne, die während der tschechischen EU-Ratspräsidentschaft dort exponiert hing, wurde immer wieder abgefackelt, zerrissen oder gestohlen.

Egal, was kommt, die Prager wollen es nicht. Sie finden immer Gründe, warum es besser ist, das Herausragende abzulehnen. Vor einigen Jahren sollte auf dem Letná-Hügel, gut sichtbar von der Altstadt, der futuristische Neubau der Nationalbibliothek entstehen. Im März 2007 entschied sich die Jury unter Mitwirkung des Prager Bürgermeisters Pavel Bém für den Entwurf des exiltschechischen Stararchitekten Jan Kaplický. Dieser sah eine lila-giftgrüne Außenverkleidung vor, die von bösen Zungen als Krake, Qualle oder Spuckfleck verspottet wurde. Die Mehrheit des Stadtparlaments lehnte ab. Staatspräsident Václav Klaus kündigte sogar an, er werde sich notfalls an einen Bagger ketten, um „das Monster" zu verhindern. Die Stadtväter weigerten sich, das benötigte Grundstück zu verkaufen. Der Kulturminister erklärte, ihm fehle das Geld für den Bau. Da brach Jan Kaplický im Januar 2009 bei einem Stadtspaziergang zusammen. Sein Entwurf wurde mit ihm beerdigt.

AUCH DAS ENFANT TERRIBLE DER PRAGER KUNSTSZENE rief Kopfschütteln hervor: David Černý war von der tschechischen Regierung beauftragt worden, eine monumentale Europa-Skulptur für das Brüsseler Ratsgebäude zu schaffen. Doch Černý lieferte keine Ode an Europa, sondern ein „Machwerk", das die anti-europäischen Vorurteile seiner Landsleute auf die Schippe nahm: Bulgarien bestand in seiner Collage aus einer Reihe türkischer Plumpsklos, Polen aus einer Ansammlung schwuler Priester, Deutschland wurde durch Autobahnen in Form eines Hakenkreuzes repräsentiert. Nach wütenden Protesten aus den Nachbarländern ließ die tschechische Regierung die Skulptur entfernen.

Sowohl Černý als auch Kaplický hatten sich zu weit über den Tellerrand gewagt. Doch im Grunde waren ihre Provokationen nach innen gerichtet. Sie stemmten sich gegen den

Aber weil es nun in den Kellern schnell fad wird, flüchten junge Prager wie der Schriftsteller Jaroslav Rudiš (siehe Seite 28) gern nach Berlin oder Wien. Dort atmen sie durch und kommen dann mit neuen Ideen zurück in ihr „böhmisches Dorf". Sie sagen das gar nicht überheblich, ganz im Gegenteil. Einfühlsam versuchen sie, ihr geliebtes Prag aus der Mulde zu ziehen. Denn ohne die frische Luft, sagt Rudiš, die über dem Hochplateau weht, und die man nur schnuppern kann, wenn man sich auf den Tellerrand wagt, werde die Stadt im provinziellen Mief ersticken.

EINEN ERSTEN AUSBRUCHSVERSUCH NACH OBEN wagten in der Neuzeit die Stadtplaner. 1992 wurde in Žižkov, ganz in der Nähe des Akropolis-Palasts, der 216 Meter hohe Fernsehturm eröffnet. Zwar wollten viele Prager die „hässliche Raketenstartrampe" am liebsten noch vor der Inbetriebnahme in die Luft sprengen, aber dann blickten sie doch von der Aussichtsterrasse ins Land.

Es wurde auch höchste Zeit! Denn bald schon erlebten die Prager, wie gefährlich es ist, allzu lange unten im Kessel zu bleiben. Im August 2002 schwoll die Moldau auf sieben Meter über Normalhöhe. Böhmen erlebte eine Flutkatastrophe, die noch schlimmer war als die Jahrhundertflut von 1890. 200 000 Menschen mussten evakuiert werden. In Prag standen Teile der Altstadt und der Kleinseite unter Wasser, aber auch die tief gelegenen Stadtteile Karlín und Holešovice. 19 U-Bahn-Stationen waren abgesoffen, sogar den Zoo hatte es zur Hälfte weggeschwemmt.

Stets hat die Moldau die Prager gezwungen, gegen allen Widerstand weiter nach oben zu gehen. Ihretwegen mussten viele Einwohner ihre Häuser auf zweistöckige Keller setzen, ihretwegen wurden die Straßen im Lauf der Jahrhunderte um mehrere Meter nach oben verlegt. Viele Klubs und Kneipen befinden sich heute in Kellern, obwohl ihre Eingänge ursprünglich im Erdgeschoss lagen. Durch die Aufschüttungen suchten die Prager der nächsten, noch höheren Flut zu entkommen.

Es wäre deshalb ganz falsch, sich in der Tiefe einzurichten. Historiker weisen darauf hin, dass sich die Stadt auch in →

KINO
LUCERNA
DNEŠNÍ
PROGRAM
KINO LUCERNA
POKLADNA

LINKS In der Lucerna-Passage hat Skandalkünstler David Černý ein Pferd an den Füßen aufgehängt. Darauf, gewollt blasphemisch: St. Wenzel **RECHTS** Der Veitsdom birgt das Grab, in dem sich der Heilige, wüsste er um Černý, wohl längst umgedreht hätte

früheren Zeiten nur weiterentwickelte, wenn die Burgherren, die auf den Hügeln saßen, die Modernisierung Prags mit Weitblick vorantrieben. Karl IV., der bedeutendste Kaiser des Spätmittelalters, erweiterte die Stadt vom Hradschin aus. Und schuf gleichzeitig den Grundstock für eine komplette Burgstadt auf der Höhe.

Man kann also durchaus auch aufschauen zu Prag. Auch Kaiser Rudolf II., der die Muldenbewohner aus ihrem Dornröschenschlaf holte, schaute am liebsten nach oben. Er holte alle, die damals in der Astronomie Rang und Namen hatten, an seinen Hof. Heute können wir die bedeutendsten Vertreter der Himmelswissenschaft auf Deckenfresken und anderen Gemälden im kleinen Mathematischen Saal des Prager Klementinums bewundern, Tycho Brahe und Giovanni Battista Riccioli stehen dort vor den Türmen Prags. Und es könnte doch sein, dass Riccioli von der Stadt der Fensterstürze inspiriert wurde, die Beschleunigung von Körpern im freien Fall erstmals zu berechnen; und dass Tycho Brahe, fasziniert von der Lage der Stadt, seinen berühmten Satz formulierte: „Suspiciendo despicio." Indem ich hinaufsehe, schaue ich hinunter.

V**IELLEICHT HAT DAVID ČERNÝ** an diesen Satz gedacht, als er seine Skulptur „Hanging Out" an einem Dachbalken über der Husova-Gasse befestigte. Als ich die Installation das erste Mal sehe, bleibt mir fast das Herz stehen. 15 Meter über der Gasse hängt ein Mann. Er kann sich gerade noch mit einer Hand an einem Balken festhalten, in der nächsten Sekunde wird er abstürzen und aufs Pflaster knallen. Aber dann erkenne ich, dass seine andere Hand ganz lässig in der Hosentasche steckt, und dass er neugierig und ein wenig belustigt nach unten in die erschreckten Gesichter der Passanten blickt. Seine entspannte Haltung widerspricht völlig der Gefahr, in der er sich befindet. Er scheint sagen zu wollen: Schaut her, hier oben ist es gar nicht so schlimm.

Genau das möchte auch die Stadtentwicklungsbehörde vermitteln, die den Pragern seit zehn Jahren ein Projekt nahezubringen versucht, das bei Bürgerinitiativen und alteingesessenen Bewohnern auf erbitterte Ablehnung stößt. Auf dem Pankrác-Hügel südöstlich des Stadtzentrums soll ein Geschäftszentrum entstehen, dessen Hochhäuser – man höre und staune – höher in den Himmel ragen sollen als selbst der Veitsdom auf dem Hradschin. Diese Barbarei, so die Kritiker, werde das Stadtpanorama Prags unwiederbringlich zerstören. Sie haben deshalb in ihrer Not die UNESCO zu Hilfe gerufen, und diese hat umgehend damit gedroht, der Stadt das 1992 verliehene Prädikat „Weltkulturerbe" zu entziehen.

Allerdings lassen sich Prager Stadtplaner ungern drohen. Wenn wir mit den anderen europäischen Metropolen mithalten wollen, sagen sie, haben wir gar keine Wahl. Im Kessel sei kein Platz mehr, also müsse man sich nach oben orientieren. Zugespitzt geht es um die Frage: Soll Prag zur niedlichen Museumsinsel für Touristen herabsinken oder an Zukunftsfähigkeit (und damit an Höhe) gewinnen?

Schon die Kommunisten hatten das umstrittene Hochhausviertel in Pankrác als modernen Kontrapunkt zur Altstadt geplant. Jetzt soll endlich gebaut werden. Gegner wie Befürworter betrachten das City-Projekt als Präzedenzfall. In Pankrác, sagen sie, entscheide sich, welche Richtung Prag in den kommenden Jahrzehnten einschlagen werde.

In idealisierter Form sind die neuen Hochhäuser bereits auf dem Bretterzaun zu besichtigen, der die Bauplätze umgibt. Eines der Gebäude hat die Form eines Victory-Zeichens, eines gleicht einer zerschossenen Büchse. Ob die Angestellten der „City Empiria", der „City Epoque" und der anderen wohlklingenden Wolkenkratzer allerdings auf dem zugigen Hügel in einem der Straßencafés lunchen wollen, mit Blick auf Parkhausetagen und Schnellstraßen, darf man bezweifeln.

Die Investoren lassen sich von derart kleinlichen Einwänden nicht beirren. Sie wollen ihr Prager Manhattan bewusst nicht *downtown* errichten, im windgeschützten Moldaukessel, sondern oben, auf gut sichtbarer Bühne. Auch die Burg stehe ja nicht in der Altstadt, sondern auf einem Hochplateau. Kaiser Karl IV., dieser modern denkende Luxemburger, habe die Prager Neigung, sich unten einzukuscheln, erfolgreich ignoriert. Nun werde ein ebenso aufgeklärter Luxemburger, der weltweit tätige Immobilienentwickler ECM, das City-Projekt gegen alle Widerstände durchpauken. Die Geschäftsführung der Firma gibt sich jedenfalls optimistisch, die Häuser schon bald in den Himmel wachsen zu sehen – auch wenn der Aktienkurs von ECM in den vergangenen zwei Jahren in den Keller gerauscht ist: von 2000 auf 200 Kronen.

DAS PROBLEM: ÜBERRAGENDE PLÄNE

Das Hauptquartier der Firma befindet sich natürlich im höchsten Bürogebäude der Stadt. Mit sechs Metern pro Sekunde katapultiert mich der Lift in den 26. Stock. Ich laufe am gläsernen „China Meeting Room" vorbei, am gläsernen „Russia Meeting Room" und schaue vom 109 Meter hohen „City Tower" über die Stadt: Wie ein winziges Würmchen schlängelt sich die Moldau dort unten. Aus dieser Distanz kann ein Gefühl für Prag nicht entstehen, weder für seine Dimensionen noch für seine Proportionen. Zu weit oben geht jeder menschliche Bezug zum Unten verloren.

W**IE ALSO DAS RECHTE MASS FINDEN?** Die Balance zwischen oben und unten? Ist Prag nicht vor allem deshalb attraktiv, weil es extreme Auswüchse vermieden hat? Weil die Verantwortlichen einsahen, dass einseitiges Streben nach oben so fatal ist wie ausschließliches Streben nach unten? Auch in einer Grießnockerlsuppe kann man unten ersaufen und oben auf dem Tellerrand verhungern. Also ist es am besten, weder unten noch oben, sondern auf halber Höhe zu sein.

Der Kunsthistoriker Richard Biegel demonstriert mir das am zweitältesten Turm der Stadt, dem an der Karlsbrücke →

OBEN Die Treppe im Nationalmuseum führt in Böhmens Vergangenheit: Stone Age? Erster Stock UNTEN Auf dem Pankrác dagegen ist eine moderne Steinzeit angebrochen. Hier soll, wie auf diesem Bauzaun simuliert, ein Prager Manhattan wachsen

Hier ist alles Gold, was glänzt: Kavárna Obecní dům im Repräsentationshaus. Die Preise im Jugendstil-Juwel? Zum Glück weniger hoch als die Decken. Böhmisches Frühstück mit Würstchen, Gewürzgurke und Apfelstrudel: 8,30 Euro

stehenden Judithturm. Dort hat der „Klub für Alt-Prag" seine Geschäftsstelle. Anders als beim komplett entkernten und aufwendig gelifteten Heinrichsturm kann man hier die aufeinandergetürmte Geschichte noch unrestauriert und unklimatisiert erleben.

WIR STEIGEN DURCH DIE JAHRHUNDERTE NACH OBEN. Im ersten Stock erinnert eine hölzerne Skulptur an die romanischen Anfänge im 12. Jahrhundert. Dann geht es eine knarzende, 400 Jahre alte Renaissancestiege hinauf zu den Klubräumen, die ganz im Zustand der 1920er Jahre verharren. Hier hat Richard Biegel, der in einer Plattenbausiedlung aufwuchs, das alte Prag schätzen gelernt. Hier hat er sich auf sein Abitur vorbereitet und in den Lernpausen zum Hradschin hinaufgeschaut.

Wir klettern noch eine Stiege nach oben und gelangen ins zugige Dachgebälk des Turms, wo mir Biegel ein Säckchen voll alter Wäscheklammern aus dem 19. Jahrhundert präsentiert, dazu einen Sahneblick auf die Nerudagasse. Prag, sagt Biegel, „ist ein geographisches Amphitheater, ein 3-D-Panorama", dessen räumliche Wirkung darauf beruht, dass man von jedem Aussichtspunkt, von jedem Hügel ein ständiges Auf und Ab erblicke, eine dichte Staffelung der Häuserzeilen die Terrassenhänge hinauf und wieder hinunter, und wenn man in dieses wogende Meer einen Hochhausklotz stelle oder gar die Dummheit begehe, einen Hochhausklotz ausgerechnet auf einem Hügel zu postieren, dann verschiebe das alle Proportionen, ja es zerstöre das menschliche Empfinden für Schönheit, denn alles Maßvolle erscheine neben dem Unmäßigen unerheblich.

Richard Biegel ist zwar erst 33, aber er spricht schon so apodiktisch, als wäre er der Prager Hauptarchitekt, jene Stadtentwicklungs-Institution, die es seit 1989 nicht mehr gibt, die aber alle Prag-Schützer herbeisehnen wie den Messias. Eine solche Autorität, glaubt Biegel, würde alle hochmütigen Investorenwünsche abschmettern und alle Stadträte, die für kurzfristige Gewinne das Weltkulturerbe aufs Spiel setzen, symbolisch aus den Fenstern des Rathauses stürzen.

David Černýs »Hanging Out«. Es hängt: Sigmund Freud

Bereits heute stünden auf der Kleinseite überall „leere Schränke" herum, völlig entkernte Altbauten, in denen sich gesichtlose Hotels und Büros breitmachten, weil den Neubesitzern die behutsame Restaurierung der Innenräume zu aufwendig sei. Viele Dächer auf der Kleinseite würden durch falsche Ziegel und stümperhafte Restaurierungen ruiniert. Wie zartfühlend sei dagegen der Umgang mit alten Kläranlagen!

Als Biegel sich so richtig in Rage geredet hat, frage ich ihn, ob er angesichts der „totalen Zerstörung" nicht auswandern oder resignieren müsse? Da huscht ein Lächeln über sein zorniges Antlitz, und er sagt einen Satz, der so wunderbar wie die Grießnockerlsuppe meiner Großmama ist: „Prag ist einfach zu schön, um zu resignieren." ■

INFO

▶ **PRAG**

Höhepunkte und Tiefpunkte einer Stadt

Die wichtigsten Stationen von Autor Wolfgang Michal. Der **ausführliche Wegweiser** in das andere Prag? Zu finden ab Seite 131.

Höhen

Petřín: Es muss ein Moment des Übermuts gewesen sein; die Prager ließen 1891 den Eiffelturm nachbauen, verkleinert, etwas weniger elegant, dafür aber an prominenter Stelle: auf dem 318 Meter hohen **Laurenziberg**. Bis zur Aussichtsplattform sind es 299 Stufen. Der Lohn: ein 1-a-Hradschin-Blick. Am besten per Standseilbahn von der Straßenbahn-Station Újezd aus.

Fernsehturm: Er war eines der weitsichtigsten städtebaulichen Projekte der Kommunisten. Bis heute bietet das 216-Meter-Wahrzeichen in Žižkov optimale Sicht. *Mahlerovy Sady 1, www.tower.cz.*

Hängender Mann: Das Werk von David Černý ist leicht zu übersehen. Augen auf: *Ecke Betlemské náměstí, Husova.*

Judithturm: Die Räume des **Klubs für Alt-Prag** sind nicht zugänglich, wohl aber der klubeigene Laden im Erdgeschoss des Karlsbrückenturms. Breite Auswahl an Prag-Literatur, der Gewinn kommt der Arbeit der Altstadt-Lobbyisten zugute.

Pankrác: Zu den umstrittenen Hochhaus-Neubauten gelangen Sie per U-Bahn-Linie C. Bis zur Haltestelle Pankrác fahren, dann tauchen Sie mitten in einem modernen **Einkaufszentrum** wieder auf – und können ringsum die aufstrebende Welt der Wolkenkratzer sehen. In den Himmel gewachsen sind bereits: Hotel Panorama und die Bürokomplexe „City Empiria" und „City Tower".

Tiefen

In den Prager Untergrund lässt es sich besonders gut an zwei Orten steigen: im **Ökotechnischen Museum**, der alten Kläranlage, in die sich Jiří Müller (siehe Seite 35) verliebt hat: *Papírenská 6, www.ekotechnicke museum.cz.* Und entlang der **Kollektoren**, der tunnelartigen Versorgungsadern der Stadt: Einstieg *Senovážné náměstí, Tel. 00420-272 184 111, www.kolektory.cz/en.*

Nach seinem Aufstieg aus der Prager Unterwelt gönnte sich **Wolfgang Michal**, 55, im Jugendstilcafé des Repräsentationshauses einen gewaltigen Honigkuchen. Ansonsten lungerte er im Café Louvre, im Kaaba Café oder im Café Meduza herum – um sich für kommende Höhepunkte zu stärken.

Name: *Alena Prudká*
Ort: *Prag*
Alter: *49 Jahre*
Beruf: *Hebamme*

VOR MEINEM FENSTER fahren so viele Züge vorbei, die kann ich unmöglich alle kennen. Eigentlich macht mir genau das am meisten Spaß: dass ich nicht weiß, woher die Züge kommen und wohin sie fahren. So bleibt am meisten Raum für Fantasie. Manchmal, wenn ich Muße habe, reise ich einer Lok in Gedanken hinterher und male mir aus, wo ich wohl ankommen werde.

Wir Tschechen haben ein besonderes Verhältnis zur Bahn. Selbst auf dem Land kommen wir mit dem Zug noch überall hin – schließlich nennen wir das dichteste Schienennetz aller EU-Länder unser Eigen. Insgesamt 9490 Kilometer Gleise! In kleine Orte wie Osoblaha oder Hrušovany nad Jevišovkou fahren zwar meist nicht die modernen Züge mit ihrer langen Schlange von Waggons; dorthin sind oft nur die kurzen Uralt-Bahnen unterwegs, die aussehen wie ein Bus auf Schienen. Aber Hauptsache, sie fahren überhaupt. Zum Dank nutzen wir Tschechen die Bahn rekordverdächtig viel: Auf beinahe zwei Dutzend Zugfahrten bringt es jeder von uns pro Jahr, Säugling bis Greis, und darin werden wir auch von keinem der neuen EU-Länder übertroffen.

Ich selbst nehme die Bahn vor allem auf langen Strecken. Neulich zum Beispiel, da bin ich nach Schweden gefahren, vom Prager Hauptbahnhof aus bis nach Malmö. Einen ganzen Tag war ich unterwegs. Herrlich, die Fahrt! Wenn ich so darüber nachdenke: Eigentlich müsste ich das bald wieder machen.

BAHNland

Freizügige Geburtshelferin: Alena Prudká genießt den großen Bahnhof vor ihrem Fenster

SCHWEJKS Geschwister

Der brave Soldat Schwejk gilt als die Inkarnation des tschechischen Wesens: listig, verschmitzt, mit gemütlichem Herzen. So sind die Tschechen – aber auch ganz anders, wie die folgenden Begegnungen beweisen

TEXT ¬ **KILIAN KIRCHGESSNER**

FAMILIENland

Kleiner in einer Großfamilie: Maxmilian, drei Jahre alt, im Planschbecken von Oma und Opa

Name:	*Vlastimil Kula*
Ort:	*Cheb*
Alter:	*59 Jahre*
Beruf:	*Fotograf*

VIELLEICHT SIND WIR EINE ETWAS VERRÜCKTE FAMILIE, das kann schon sein: Unser jüngster Sohn Alexandr ist ein richtiges Nesthäkchen – zwei Jahre alt, und damit sogar jünger als mein ältester Enkel Jozef. Insgesamt sind wir ... ja, wie viele eigentlich? Ich muss selber zählen: Drei Töchter habe ich, zwei Söhne und drei Enkel. Und deshalb ist bei uns immer gehörig was los. Auch meine Eltern und Schwiegereltern sind oft dabei.

Für uns ist die Familie heilig, und damit sind wir dann doch typisch tschechisch. Irgendwo habe ich gelesen, dass der Kommunismus die Familien enger zusammengeschweißt hat, weil es außerhalb dieser Gemeinschaft wenig gab. Ob da was dran ist, kann ich nicht mit Sicherheit sagen. Ich spüre es einfach, dieses starke Zusammengehörigkeitsgefühl.

Fest steht: Wir Tschechen hängen sehr an unserer Heimat – sogar die jungen Leute. Wer zum Beispiel in einer großen Stadt studiert, fährt meist allerspätestens am Freitagabend wieder zur Familie.

Ich jedenfalls kann mir ein Wochenende ohne gar nicht vorstellen. Im Sommer sind wir meist bei den Eltern meiner Frau. Die haben ein ganz fantastisches Lockmittel – ein aufblasbares Planschbecken für die Kleinen. Da müssen wir dann immer hin, denn so etwas gibt es nur bei Oma und Opa, den Großeltern in Prag.

Name: *Vladimír und Zdenka Solovy*
Ort: *Stříbro*
Alter: *76 und 71 Jahre*
Beruf: *pensionierte Tüftler*

ANGEFANGEN HAT ALLES MIT UNSEREM PECH: Die Tomaten im Garten sind einfach nichts geworden. Also musste ein Gewächshaus her, aber uns blieb nichts anderes übrig, als es selber zu bauen. Kurz nach der Wende konnte man noch nicht einfach zum Baumarkt fahren. Aber zum Glück sind wir Tschechen ein erfinderisches Volk. Von den „goldenen tschechischen Händchen" spricht hier der Volksmund. Da ist was dran. Und wir hatten eben die Idee mit den alten Einmachgläsern: Ein Gurkenglas, etwas Mörtel drauf, nächstes Gurkenglas – fertig ist das Gewächshaus.

Vorher mussten wir allerdings erst einmal 1176 Liter eingemachte Gurken und Obstkompott vertilgen. So viel war in den Gläsern drin, die wir für unser Gewächshaus verbaut haben. Stellen Sie sich nur diese Essensberge vor!

Nur beim Dach funktioniert unser Einmachglas-Patent nicht, das wollte leider nicht tragen. Deshalb haben wir die Fensterscheiben aus einem ausrangierten Mähdrescher genommen. Und siehe da: Jetzt klappt es mit den Tomaten. Wir pflanzen die klassischen roten, dann haben wir noch orangefarbene, die schmecken besonders und wachsen wie verrückt, denn sogar bei schlechtem Wetter ist es warm in unserem Glashäuschen. Wir haben nämlich eine Doppelverglasung erfunden: In den Gurkengläsern ist Luft als Isolierschicht drin.

Ganz schlecht kann unsere Idee nicht gewesen sein: Einige Nachbarn haben das Gurkenglas-Haus nachgebaut.

TÜFTLERland

Heißen zwar nicht Düsentrieb, stehen dem Original aber in nichts nach: Vladimír und Zdenka Solovy

Name: *Hana Havelková*
Ort: *Horní Lhota*
Alter: *60 Jahre*
Beruf: *pensionierte Lehrerin*

DREISSIG ZENTIMETER und keinen länger, das habe ich von vornherein gesagt, als wir unsere Röckchen in Auftrag gegeben haben. Aber wahrscheinlich hat das eine oder andere meiner Mädels den Stoff eigenmächtig um ein Stück verlängert, die Jüngsten sind wir ja nicht mehr. Und auf der Bühne, wenn wir den Schwanensee tanzen, können wir rein gar nichts verstecken.

Bei uns in Mähren sind wir inzwischen eine Attraktion. Die Tschechen leben die Tradition der großen Bälle, ein Erbe aus der Habsburgerzeit. Von Januar bis Aschermittwoch wird überall getanzt; in Prag in großen Konzert- und Opernsälen, hier auf dem Land in den alten sozialistischen Kulturhäusern oder im Saal der örtlichen Kneipe.

Wir werden von den Veranstaltern gebucht, weil die genau wissen: Wo wir tanzen, steigt die Stimmung! Im vergangenen Jahr haben wir 88 Auftritte hingelegt. Das hat dann aber auch gereicht, die Älteste von uns ist immerhin 72, die anderen gehen hart auf dieses Alter zu. Bis zu 3000 Kronen bekommen wir für eine Tanzeinlage, etwas mehr als 100 Euro. Das Geld hauen wir stets bei einem Ausflug auf den Kopf. Zuletzt waren wir in Piešťany, einem Kurort in der Slowakei.

Angefangen hat unsere Tanzerei 2001 mit einem Witz. Wir wollten bei einem Fest unseres Rentnerklubs etwas auf die Beine stellen – und die Ballettnummer kam so gut an, dass uns das Publikum nicht mehr von der Bühne lassen wollte. Inzwischen wagen wir uns jedes Jahr an ein neues Programm, sogar Cancan können wir. Derzeit bereiten wir uns auf die nächste Saison vor, proben in der heißen Phase jeden Nachmittag. Unser Programm wird wieder eine Bombe: Kalinka!

SCHWANENSEE*land*

Wo Anmut auf Übermut trifft: Rentnerin Hana Havelková (unten links) und ihre Rock-Truppe

KNÖDELland

Keine Chance für Mitesser: Miloš Janček hält gewichtige kalorienreiche Rekorde

Name:	*Miloš Janček*
Ort:	*Varnsdorf*
Alter:	*33 Jahre*
Beruf:	*Eisenhändler*

DIE ERSTEN ZEHN KNÖDEL sind immer zum Warmlaufen. Wenn man einen Weltrekord aufstellen will, so wie ich, dann muss man systematisch vorgehen. Ganz wichtig ist zum Beispiel, dass auf dem Teller nur wenige Knödel liegen. Lieber immer wieder Warme aus der Küche bestellen, sonst schmeckt das irgendwann nicht mehr.

Das mit dem Geschmack ist ohnehin so eine Sache. Ich habe auch schon anderswo in der Welt Knödel gegessen, oder *dumplings*, wie sie da heißen, aber ehrlich: Unsere tschechischen sind am besten, obwohl ihr Geheimnis gerade darin besteht, dass sie nach fast nichts schmecken. Sie saugen die herrlichen Saucen auf, und von denen kommt dann der eigentliche Geschmack. Es geht nichts über Svíčková, unseren böhmischen Lendenbraten mit sahniger Sauce. Dazu dann frische Knödel, perfekt! Kann man nie genug bekommen.

Deshalb bestelle ich bei den Wettbewerben stets Svíčková-Sauce zu meinen Knödeln. Klar, eigentlich geht es nicht um Genuss, sondern schnöde – um die Menge. Meist treten gleich zehn Männer gegen mich an. Die Regeln sind einfach: Eine Stunde für möglichst viele Knödel. Während dieser Stunde können wir vom Tisch aufstehen, wir können reden, spazieren gehen oder turnen; jeder hat sein eigenes Rezept, wie er am besten verdaut. Das Küchentuch ist übrigens nur ein Gag. Unsere Teller beobachten Dutzende Zuschauer, die uns anfeuern.

Meine persönliche Höchstleistung liegt bei 55 Knödeln! Jeder einzelne wiegt 40 Gramm. Genau genommen ist das neuer Weltrekord. Im tschechischen Buch der Rekorde sind bisher aber nur meine 50 Knödel verzeichnet. Es wird also Zeit für eine Neuauflage.

Name: *Lenka Bražinová*
Ort: *Prag*
Alter: *26*
Beruf: *Büroangestellte*

SO HAT ER DAS AM ALLERLIEBSTEN, mein Benjamin: Wenn er im Mittelpunkt steht und sich alles nur um ihn dreht. Dabei war das eigentlich mein großer Tag und nicht seiner, denn ich habe an jenem Freitag meinen Mann Roman geheiratet, der damit nicht nur mich, sondern als Zugabe auch gleich meinen Yorkshireterrier bekommen hat.

Ich glaube, wir Tschechen sind eine Nation großer Hundeliebhaber. Es gibt zwar keine offizielle Statistik, wie viele Pinscher, Schnauzer und Spaniels unter uns leben, aber irgendwo habe ich gelesen, dass es zwei Millionen sein sollen. Bei zehn Millionen Einwohnern gar nicht schlecht, oder? Aber ich merke ja selbst, wie sehr wir im Alltag auf den Hund gekommen sind.

Bei uns schläft Benjamin im Bett, im Wohnzimmer hängt er in Öl, auf Leinwand gebannt von einem Maler. Und fast bei jedem Gassi-Gang sprechen mich Passanten auf ihn an. Ich erzähle dann immer das Gleiche: Dass er neun Jahre alt ist und wir ihm regelmäßig neue Kleider nähen lassen. Davon haben wir mittlerweile einen ganzen Vorrat – für jeden Anlass und jedes Wetter. Besonders stolz bin ich aber auf den Hochzeitsanzug, den er auf dem Foto trägt. Der ist aus Seide, und natürlich gehört auch ein kleiner Zylinder dazu, den wir extra haben machen lassen. ■

HUNDEland

Für Benjamin führt Lenka Bražinová ein Hundeleben. Sie selbst ist nicht mal im Bild

DIE BIER-REVOLUTION

Noch nie in der Geschichte der Statistik hat es ein Land geschafft, die Tschechen von ihrem Spitzenplatz beim Pro-Kopf-Bierkonsum zu verdrängen. Und doch gärt es unter Pivo-Liebhabern gewaltig: Ausländische Großbrauereien reißen eine namhafte Biermarke nach der anderen an sich. Aber nun halten die Tschechen dagegen. Wenn es sein muss, mit der Gulaschkanone

TEXT ¬ **KILIAN KIRCHGESSNER**

DIESE GESCHICHTE ÜBER DAS BÖHMISCHE BIER muss bei Großmutter Ludmila beginnen und ihrem Notizzettel, den Enkel Svatopluk Strava im Nachlass fand. „Recept na pivo“ stand da in der schmalen Handschrift der alten Dame, Rezept für Bier, und darunter fein säuberlich eine Aufzählung von Zutaten und Arbeitsschritten. „Wenn ich dieses eine Blatt Papier nicht gefunden hätte“, sagt Svatopluk Strava, „dann würde ich noch heute Pilsner Urquell trinken.“

Stattdessen veränderte dieses Zettelchen sein Leben. Sogar sein Haus hat Strava umgebaut, einen kleinen Bauernhof in den Hügeln hinter Brünn. Schläuche und Rohre ziehen sich nun durch das Gebäude, in der einstigen Waschküche schimmert ein Edelstahlkessel in dürftigem Licht, und in der alten Scheune im Garten hat Strava eine Kühlkammer eingebaut. In ihrem Inneren: das ganze Jahr über acht Grad.

Svatopluk Strava ist ein kantiger Mann, ein Typ mit breiten Schultern und ohne Selbstzweifel. Besonders amüsiert er sich bei dem Gedanken, dass ausgerechnet bei ihm in Mähren jenes unvergleichliche Bier entsteht, für das eigentlich die Böhmen in Pilsen, in Budweis und in Prag so berühmt sind. 38 Jahre ist er alt, überlaut seine Stimme, der Händedruck so fest wie sein Wille, das Bier aller Biere zu brauen. „Stellen Sie sich vor“, ruft er, „bei meinen ersten Brauversuchen habe ich mich fast vergiftet!“ Über vier Herdplatten hatte er einen großen Topf gestellt, 20 Liter Wasser samt einem Haufen Malz eingefüllt und alles acht Stunden lang erhitzt, gerührt und gefiltert; genau so, wie es seine Großmutter handschriftlich festgehalten hatte. „Die Brühe war widerlich“, sagt Strava. Wie seine Großmutter ihr eigenes Rezept überlebt habe, diese Frage stelle er sich bis heute.

Damals hätte er am liebsten den Topf mit den angebrannten Resten schleunigst entsorgt, das Rezept und mit ihm die ganze Sache vergessen. „Aber die Umstände“, sagt Strava, „waren nicht danach.“ Denn für seinen ersten Braudurchgang hatte er, in einem Anfall von Übermut, etliche Freunde eingeladen. Die betranken sich mit verpöntem Flaschenbier, während auf dem Herd der selbst angesetzte Sud vor sich hin köchelte; und als sich spät in der Nacht zwischen Schwaden von Malzgestank das Scheitern des Experiments abzeichnete, spotteten sie wüst über Strava, der sich doch besser um sein Fuhrunternehmen kümmern und die Finger vom Bier lassen solle. „So eine Schande“, sagt er.

Also fing Svatopluk Strava zu lesen an, lernte den Unterschied zwischen ober- und untergärigem Bier, beschäftigte sich ganze Abende lang mit Aminosäuren, mit Amylase und Maltose, arbeitete sich in Maische, Stammwürze, Treber und Keimung ein. Und das Pflänzchen seiner Hoffnung begann wieder zu wachsen.

DAS TSCHECHISCHE BIER IST EIN PHÄNOMEN. Weltweit wird es gerühmt, und Besucher pilgern zu Tausenden in die Braukeller im böhmischen Pilsen, in denen die Erfolgsgeschichte ihren Anfang nahm. Meist kennen sie nur ein einziges Wort in der Landessprache: *pivo*. So beliebt ist das Bier, dass es zum Exportschlager geworden ist. Doch der Stolz der Tschechen gehört diesen längst nicht mehr: Ausländische Braukonzerne haben gleich nach der Wende begonnen, die großen tschechischen Marken aufzukaufen. In Pilsner Urquell, Krušovice, Gambrinus, Staropramen und vielen anderen namhaften Traditionsbetrieben steckt längst Kapital aus Südafrika, Belgien oder Brasilien. Einzig das Budweiser ist den Böhmen geblieben; es kommt aus einer staatlichen Brauerei, deren Privatisierung auch bereits im Gespräch war.

Die Tschechen ärgert das. „Was wir hier zu trinken kriegen“, murren Puristen in spezialisierten Online-Foren, „ist das gleiche Einheitsgesöff wie überall auf der Welt.“ Sie halten dagegen – und machen sich daran, die Hoheit über ihr Nationalheiligtum wiederzugewinnen. Sie stürzen sich auf die Produkte örtlicher Kleinstbrauereien, die im ganzen Land Waschküchen, Schuppen und Garagen in Beschlag nehmen – oder sie brauen sich, wie Svatopluk Strava, ihr abendliches Helles gleich selbst.

AN DER SPITZE DER NEUEN BIERBEWEGUNG steht Jan Kočka, der Pionier der tschechischen Selbstbrauer. Sein erstes Bier hat er schon 1992 angesetzt, heute ist er dabei, aus Einzelkämpfern eine lebendige Szene zu formieren. Treffpunkt seiner Anhänger ist Kočkas Internetseite. *Svět piva* heißt sie, die Welt des Bieres. Von Monat zu Monat klicken mehr Interessenten auf die Seite, sie sehen sich dort brandneue Bierrezepte an, tauschen sich über Feinheiten des Mälzens aus oder lästern über die Großbrauereien. 1000 Besucher sind es derzeit, Tag für Tag. „Fast meine komplette Freizeit fließt da rein“, sagt Jan Kočka.

Und als er dann weiterredet, sprudeln Termine nur so aus ihm heraus: die nächste Bierverkostung in einer Prager Kellerkneipe; ein Bierfestival in Amerika, das er beehren soll; der Besuch eines japanischen Braumeisters, der ein nie getrunkenes Bier kreieren will; ein Braukurs. Und wenn Tschechien von einer Nation der Biertrinker zu einer Nation der Bierkenner geworden ist, dann will Jan Kočka auch noch eine Bierzeitung herausgeben.

Vom Konsumenten zum Missionar in Sachen Bier hat sich Kočka gleich nach der Wende gewandelt. Als Steward der staatlichen Fluggesellschaft kam er schon damals viel herum, und eines Abends ging er mit britischen Kollegen in einen Pub, irgendwo tief in England. Und diese Briten bestellten sich erst ein Stout, dann ein Lager und dann der Reihe nach den Rest der angebotenen Biere, und jedes Mal machten sie sich Notizen und diskutierten den Geschmack.

Jan Kočka stand der Mund offen. „Von Tschechien kannte ich das anders: Bei uns gehst du in eine verrauchte Kneipe, bestellst das billigste Bier, trinkst deine zehn Gläser und gehst wieder.“ Selbst die tschechische Sprache ist auf dieses Ver- →

halten eingestellt. „Wir haben dafür das Wort *chlast*", sagt Kočka. Eine genaue deutsche Übersetzung gibt es nicht, das Lexikon schlägt Suff vor, aber in *chlast* schwingt noch so etwas wie Stolz mit, es klingt fast ein wenig poetisch.

MIT GRÖSSTER SELBSTVERSTÄNDLICHKEIT haben die Großbrauereien jahrelang den Bedarf der Tschechen gedeckt. Auch wenn wegen der Planwirtschaft die Schlangen für Brot bis auf die Straße reichten: Bier gab es immer genug. Und es war selbst in unbegrenzten Mengen noch erschwinglich – als eines von wenigen Produkten. „Was immer passiert, das Bier muss billig bleiben, mit ihm können wir das Volk ruhigstellen", soll das Kalkül der Genossen gewesen sein. So zumindest geht die Legende, die sich bis heute hält. Aber auch in Freiheit und Demokratie bleiben die Tschechen ihrem Bier treu.

Ihr Durst, der *chlast*, ist gewaltig: 159 Liter schaffen sie pro Person und Jahr, und wenn man Kinder und Greise rausrechnet, kann man sich vorstellen, was ein kräftiger Tscheche jeden Tag so schluckt. Selbst die Deutschen, die Platz zwei der Liste zu verteidigen wissen, sind noch 47 Liter vom Rekord der Tschechen entfernt.

Gegen solche Absatzzahlen, da macht sich Jan Kočka keine Illusionen, sind die Kapazitäten der Selbstbrauer verschwindend klein. Zwar gibt es in jedem größeren Ort schon Kneipen, die ihre Biere ausschenken; wenn alles gut läuft, gar ein Dutzend davon. Die Übermacht der Konzerne aber, die Wirten kostenlos Biergläser, Sonnenschirme und Leuchtreklamen stellen, ist bisher ungebrochen. Für Kočka ein schwieriges Thema. Wenn man mit ihm darüber spricht, rudert er sofort mit den Armen. Ihm gehe es schließlich nicht um einen groß angelegten Aufstand gegen das uniforme Bier. Eher um eine Revolution im Kleinen. Er denkt einen Moment nach. „Wenn Sie so wollen", sagt er schließlich, „sind wir Connaisseurs." Männer, die leidenschaftlich die Würze eines nicht pasteurisierten Bieres preisen und die eine leichte Ingwer-Note im Bierschaum schon in Verzückung bringt.

ES SIND MENSCHEN wie Petr Buriánek. Einmal im Monat braut Buriánek sein eigenes Bier, jedes Mal 20 Liter, mehr passt einfach nicht in die alte Gulaschkanone, die bei ihm den Braukessel ersetzt. Seine Wohnung liegt in einem Prager Plattenbau, drei Zimmer, eine winzige Küche. Für seine Biertage hat der 38-Jährige ein festes Ritual: Zunächst muss seine Frau mit den vier kleinen Kindern das Feld räumen und auf den Spielplatz übersiedeln. Dann zieht er sich ein altes T-Shirt an, öffnet die langen Haare, die sonst von einem Gummiband zum Pferdeschwanz gebändigt werden, und legt seine Lieblingsmusik ein. Alben der tschechischen Bands Arakain und Tři Sestry, eine peitschend schnelle Musik mit so viel Bass, dass die Plattenwände im Takt vibrieren.

„Was ich hier mache", sagt Buriánek, „ist im Prinzip nichts anderes als das, was ich gelernt habe." Er ist Chemielaborant, und selbst zu Hause an der Gulaschkanone führt er ein Versuchsprotokoll.

10.15 Uhr: Malz ins Wasser gegeben, 40 Grad Celsius, notiert er auf einem Zettel. Sein T-Shirt ist da schon zum ersten Mal durchgeschwitzt, er hat bereits anderthalb Stunden lang fünf Kilo Malz durch eine Mühle gedreht. Deren Walze ist stumpf geworden über die Jahre. Ersatzteile? Nicht vorhanden, alles hier ist Eigenbau.

10.30 Uhr: Langsame Temperaturerhöhung auf 68 Grad. Die Stärke wird in Maltose umgewandelt, Buriánek muss nur ab und an mit einem hölzernen Kochlöffel umrühren. Aus dem Wohnzimmer wummert die Musik, er nimmt sich aus dem Kühlschrank ein Bier. Mit geschlossenen Augen riecht er am Flaschenhals. „Das kommt aus Belgien und müsste nach Kirsche schmecken", sagt er.

11.45 Uhr: Abkühlen lassen.

12.00 Uhr: Maischen abgeschlossen, Jodprobe negativ, von der Gulaschkanone in einen Plastikbottich abgießen. Wieder ein Eigenbau: Buriánek hat in den Boden einer Wäschetonne Hunderte hauchfeine Löcher gebohrt. Auf ihnen bildet sich eine Schicht aus geschrotetem Malz, durch die jetzt die Flüssigkeit abläuft.

13.20 Uhr: Sud mit Hopfen versetzt und auf 100 Grad erhitzt. Buriánek öffnet die nächste Flasche Bier, diesmal englisches Stout.

13.40 Uhr: Die Kinder kommen vom Spielplatz zurück, Buriánek brummt und schaltet die Musik aus.

14.30 Uhr: Zweite Hopfengabe.

14.50 Uhr: Abkühlprozess gestartet, der 20-Liter-Topf steht im Kühlschrank.

16.00 Uhr: Hefezugabe. Umgerührt, Topf wieder in den Kühlschrank gestellt. Nun soll alles gären. Schluss für heute.

Eine Woche später wird Buriánek sein neues Bier probieren. Wenn es schmeckt, wird er eine Flasche zu einem Wettbewerb der Hobbybrauer schicken, und irgendwann wird er schon eine Auszeichnung bekommen mit seinem Gebräu, das unter Laborbedingungen im Plattenbau entstanden ist.

Dann wird es ihm vielleicht so gehen wie Svatopluk Strava, jenem Mann, den ein Rezept der Großmutter zum Selbstbrauer gemacht hat – und vor dessen Haus mittlerweile die Busse mit Biertouristen halten. Überdies beliefert er nun eine Reihe von Kneipen. Xaver heißt der Renner aus seinem Angebot, ein vollmundiges, kräftiges Bier. Es trägt den Namen der Kneipe, die Stravas Vater einst besaß, alle anderen Biersorten sind nach den Männern der Familie benannt. Opa František zum Beispiel ist in einem Bier verewigt, das der Enkel beim Brauen mit Vanilleschoten versetzt. Das Andenken des zweiten Großvaters Oldřich wahrt ein dunkles Bier, herb, aus vier Sorten Malz gebraut und mit Kardamomgeschmack. Und Schwiegervater Vladimír bekam ein Bier mit so viel Alkohol, dass es schon fast als Spirituose durchgeht.

So hat Svatopluk Strava ganz nebenbei seine Ehre wiederhergestellt: Die Freunde, die über den ersten Brauversuch spotteten, gehören längst zu seinen Stammkunden. ■

Schaum wie Schlagsahne, weiß wie Kreide: Bierstube U Medvídků

INFO

▶ WEGE ZUM BIER

Wo Hopfen und Malz noch nicht verloren sind

Was es hier nicht gibt, gibt es nicht: die Pivní Galerie in Prag-Holešovice

Den umfassendsten Führer durch die Welt des tschechischen Biers hat ausgerechnet ein Amerikaner verfasst: Evan Rail, der in seinem Buch **Good Beer Guide Prague & the Czech Republic** *(Camra Books, nur auf Englisch)* akribisch sämtliche Brauereien mitsamt Spezialitäten aufführt – von den großen Marken bis zur kleinsten Dorfbrauerei. Das Problem: Die Liste ist derart lang, dass man sie selbst während eines langen Urlaubs nicht „abarbeiten" kann. Wer sich der böhmischen Bierkultur etwas weniger ambitioniert nähern will, findet die Adressen einiger Kleinbrauereien auf der Homepage des **Verbands der unabhängigen Brauer**: *www.csmnp.cz (auch deutsch)*.

In Prag

Der Wahlspruch der **Prager Biergalerie** *(U Průhonu 9, www.pivnigalerie.cz)* lautet „Jede Flasche eine Kostbarkeit", und an Preziosen ist die **Pivní Galerie** im Stadtteil Holešovice tatsächlich überreich. Mehr als 240 Biersorten stehen hier zum Verkauf, die Flaschen in dunklen Regalen dargeboten wie in einer edlen Vinothek. Wer mag, kann die Biere auch gleich verkosten: In der angeschlossenen Mini-Kneipe werden alle Spezialitäten quer durch das Sortiment ausgeschenkt; vom Fass gibt es allerdings nur wenige Raritäten, die regelmäßig wechseln. Genauso häufig wie die Öffnungszeiten des Geschäfts, das unter Prager Bierfans als Geheimtipp gilt. Vor einem Besuch empfiehlt sich also unbedingt ein Blick auf die Internetseite. Da können ringsum noch so viele Nobeladressen eröffnen, in der Kneipe **U Milosrdných** *(U milosrdných 12)*, mitten im jüdischen Viertel, werden wohl auf ewig mit Brandflecken übersäte grüne Decken die Tische zieren. Wortlos knallen die Kellner hier ihre Bierkrüge vor den Gast, aber auch das muss in einer echten Prager Bierstube so sein. Die Barmherzigen, so die deutsche Übersetzung, sind eine der letzten Bastionen. Im Ausschank gibt es zwar keine seltenen Biersorten – aber selbst Pilsner Urquell und Gambrinus schmecken hier noch authentisch.

Im Land

Xaver, František und die anderen Biere von **Svatopluk Strava** (siehe Artikel) sind in Brünn zu verkosten. Es gibt sie im Café **U Anděla za Vraty** *(Petrov 1)* und in der Kneipe **U Honzáků** *(Šromova 1a)* – zumindest meistens. Wenn Hobbybrauer Strava gerade nicht nachkommt, müssen die Gäste auch mal ein paar Tage auf die nächste Lieferung warten.

Wie findig die Tschechen sind, wenn es um ihr Bier geht, zeigt auch die **Familie Plevka** im böhmischen Chodová Planá *(Pivovarská 107, www.chodovar.cz)*. Ihre alte Brauerei in der Nähe von Marienbad hat sie zu einem **Bier-Erlebnispark** umgebaut. Spezialität: ausgedehnte Bierkuren. Im Angebot auch Biertreber-Packungen, Shampoo und Badeschaum aus Bier – und ein Original-„Pivovice", ein Bierbrand, 50 Prozent Alkoholgehalt. Weniger exotisch, aber trotzdem empfehlenswert: eine ganz normale **Brauereibesichtigung**. Die startet jeden Tag um 14 Uhr.

Einen glänzenden, wenn nicht den besten Ruf unter tschechischen Bierkennern genießt die **Brauerei Primátor** *(Dobrošovská 130, Náchod, www.primator.cz)*. Die Braumeister im Nordosten des Landes sind die experimentierfreudigsten: Elf Sorten haben sie in ihrem Standardrepertoire, vom Pale Ale bis zum Bier mit dem bezeichnenden Namen Double, das als eines der stärksten europaweit gilt. „Spezialist für Spezielles" nennen sich die Biermacher aus Náchod selbst – und setzen regelmäßig neue Kreationen auf. Autofahrer können auf eine Auswahl von sieben Limonaden zurückgreifen, auch die werden selbstverständlich in der Brauerei hergestellt.

Über den Namen seines Plattenbau-Brauers musste Autor **Kilian Kirchgeßner** schmunzeln. Kočka bedeutet „Katze", hat aber nichts mit dem Kater nach großem Alkoholgenuss zu tun. Der heißt auf Tschechisch „Affe": „Ich habe einen Affen".

1990. Zehntausende warten auf ihn, Václav Havel. Er, der einst als Staatsfeind galt, wird den Menschen nur Minuten später gegenübertreten – als ihr Präsident

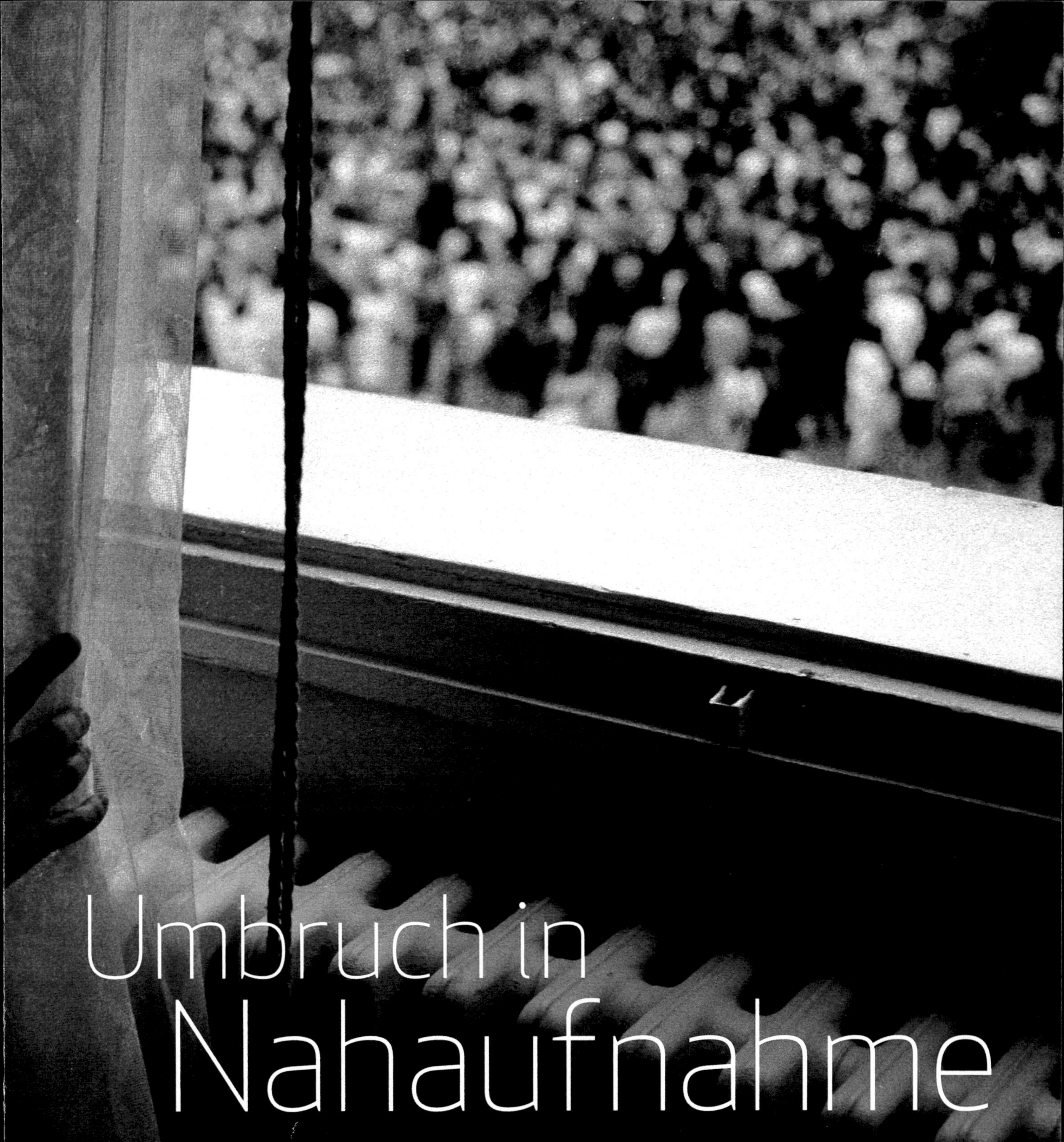

Umbruch in Nahaufnahme

Er war das Auge der Dissidenten, ihr inoffizieller Chronist. Mit Václav Havel verbrachte er ungezählte Tage in dessen Wochenendhaus. Für diese Nähe musste Fotograf Oldřich Škácha einen Preis bezahlen. Und bekam doch ungleich Wertvolleres zurück: die Schicksalstage seines Landes aus intimer Perspektive

EISIGE BÖEN fegen am 25. November 1989 über den Platz auf dem Prager Letná-Hügel. In Gruppen haken sich die Demonstranten unter und hüpfen auf und ab, unter ihren Füßen knirscht gefrorener Schnee. Es ist eine Versammlung gegen den Eispanzer, unter dem das Land seit Jahren liegt. Mehr als eine halbe Million Menschen strömen zusammen, so viele wie auf keiner Protestkundgebung zuvor. Erstmals ist es an diesem Tag abzusehen: das Ende der kommunistischen Diktatur.

Oldřich Škácha, ein hagerer Mann Ende vierzig, bahnt sich seinen Weg durch die Menge, um seinen Hals hängt eine alte Leica, und wie alle kann er nach Jahrzehnten des angstvollen Schweigens kaum glauben, dass die Massen auf einmal einen demokratischen Wandel fordern. Er klingelt an einer Haustür an der Längsseite des Platzes. Er sei Fotograf, wolle ein Bild machen. Aber sicher, sagt man und öffnet. Vor dem Fenster der Wohnung weht die tschechoslowakische Fahne als Zeichen des neu erwachten Selbstbewusstseins. Škácha rückt sie in die Mitte seines Bildes, unten sieht er das Menschenmeer branden, im Hintergrund den Veitsdom auf dem Hradschin.

Dann eilt der Fotograf das Treppenhaus wieder hinab und hinein in die Menschenmenge. Wie Tausende um ihn richtet er seinen Blick auf die Tribüne, auf der nun Václav Havel erscheint. Wenige Wochen später wird der Dramatiker und Bürgerrechtler Präsident des Landes sein, in dem er als Staatsfeind galt. „Havel auf die Burg!", skandieren die Zuhörer. Škácha reißt seine Kamera in die Höhe und drückt auf den Auslöser. Diese Tage im November, sagt er heute, die waren „einfach unglaublich". Geblieben sind Fotografien.

Škácha breitet sie auf dem niedrigen Tisch in seiner Atelierwohnung aus – wobei das Wort Atelier falsche Vorstellungen weckt: Wer Oldřich Škácha besucht, findet sich zunächst ratlos in der herrschaftlichen Einfahrt eines Gebäudes aus dem 19. Jahrhundert. Die Dame am Empfangsschalter hilft weiter, zeigt Richtung Innenhof und sagt: „Die erste Tür rechts." Kein Namensschild deutet dort auf den Bewohner hin, kein Briefkasten, keine Klingel – und es folgt auch keine Reaktion aufs Anklopfen. Also die Klinke herunterdrücken. Linker Hand führen Stufen ins Souterrain. „Dobrý den", guten Tag, ist Škáchas Stimme zu hören. Es ist, als betrete man zu kommunistischen Zeiten die konspirative Wohnung eines Dissidenten. Von der Decke strahlt Neonlicht, die Möbel wirken zusammengesucht, der Gastgeber, ein ergrauter, allein lebender Herr von 68 Jahren, lässt sich auf dem Bett nieder.

> »Diese Tage im November«, sagt er heute, »die waren einfach unglaublich«

In den 1960er Jahren hat Škácha begonnen zu fotografieren. Er hat den Prager Frühling im Bild festgehalten und dessen Niederschlagung, die Dissidenten der 1970er und 1980er Jahre, die friedliche Revolution, und bis heute dokumentiert er das Leben Václav Havels, des Mannes, in dessen Licht und Schatten er seine Arbeit gestellt hat. Als er in den 1960er Jahren über die Prager Kunsthochschule die regimekritischen Dichter, Theaterleute und Filmer des Landes kennenlernte, hat er den Dramatiker das erste Mal getroffen. Später gehörte er zur Dissidentengruppe um Havel; Škáchas Leben: eine Künstlerexistenz, eine Improvisation unter den Bedingungen der Diktatur, „chaotisch" nennt er es selbst. Vielleicht ist eine Spur von Stolz in seiner Stimme, Stolz auf den eigenen Mut, den Freiheitswillen nicht bequemer Anpassung geopfert zu haben.

Regale bedecken die Wände. Fotomappen reihen sich auf den Borden aneinander. Oldřich Škácha wohnt inmitten von Erinnerungen. Über Jahrzehnte hat er sie angesammelt, das ist die Arbeit des Fotografen: Er schafft im Augenblick des Geschehens die Erinnerungen von morgen. „Der Kampf des Menschen gegen die Macht", hat Milan Kundera einmal geschrieben, sei für die Tschechen stets auch ein „Kampf der Erinnerung gegen das Vergessen" gewesen. Škáchas Bilder waren und sind Teil dieses Kampfes. Wer verstehen will, was 1968 und 1989 geschah, der muss sie sich zeigen lassen, und er muss weiter zurückgehen in die Geschichte – bis in die Zeit der deutschen Besatzung, jene finsteren Jahre, in denen Škácha als Sohn eines Schneidermeisters in Prag geboren wird.

ZU ŠKÁCHAS FRÜHESTEN ERINNERUNGEN – er ist vier Jahre alt – zählt der Einmarsch der Roten Armee 1945. Nach fast sieben Jahren Okkupation durch die Nationalsozialisten kommen die sowjetischen Soldaten als Befreier. Was davor geschehen ist, erfährt der Junge aus Erzählungen der Eltern: Erst hatten die Westmächte mit dem Münchner Abkommen von 1938 das Sudetenland preisgegeben; im Frühjahr 1939 dann hatte sich das nationalsozialistische Deutschland den Rest des verratenen Landes einverleibt. Verhaftungen, Folter, Deportationen, Krieg – die Besatzungsjahre hinterlassen ein tiefes Trauma. 1945 nun ist die Chance für einen Neuanfang zum Greifen nah.

Ihre Hoffnungen setzen damals viele Tschechen und Slowaken in den Sozialismus. Die KPČ, die Kommunistische Partei der Tschechoslowakei, hat starken Rückhalt in der Bevölkerung, und eine Zeit lang scheint es tatsächlich möglich zu sein, einen eigenen, tschechoslowakischen Weg zum Kommunismus zu beschreiten. Doch es kommt anders: 1948 reißen die Kommunisten die Macht an sich, die Wirtschaft wird rigoros auf zentrale Planvorgaben ausgerichtet. Es beginnt, nach einem ersten kurzen Frühling, die stalinistische Eiszeit. →

1| Sowjetstern und Hakenkreuz: Der Einmarsch der Warschauer-Pakt-Truppen weckt für viele Prager ungute Erinnerungen 2| Im Mai 1968 kommt der Westen nach Prag – in Gestalt eines Zigarre paffenden Briten; Winston Churchills Sohn ist bei Miloš Forman zu Gast, dem später Oscar-gekrönten Regisseur 3| Václav Havel in seiner Wohnung, in der Hand: der berühmte Brief an Staatspräsident Husák 4| 21. August 1968. Panzer rollen gegen den Prager Frühling 5| Bald darauf: der erste Tote und eine von seinem Blut getränkte Fahne

1

2

3

4

5

Škáchas Vater leitet damals einen Betrieb mit sechs Angestellten; 1950 steht die Geheimpolizei vor der Tür und enteignet ihn, denn nachdem kleine Privatbetriebe zunächst noch zugelassen waren, geht die Partei zu Beginn der 1950er Jahre gegen alles vor, was ihr als Restbestand bürgerlich-kapitalistischer Gesinnung erscheint. Škáchas Vater wird zu Hilfsarbeiten gezwungen. „Die Kommunisten, hat er gesagt, sind eine Bande von Verbrechern", erinnert sich der Sohn. So wächst Oldřich Škácha in stiller Gegnerschaft zum Regime heran – ähnlich wie der fünf Jahre ältere Václav Havel, dessen wohlhabende Familie dasselbe Schicksal erleidet und alles verliert. Zwei Versionen desselben Dramas, und vielleicht liegt darin die Nähe begründet, die Škácha zu Havel empfindet – auch wenn die beiden unterschiedliche Wege gehen: Der eine bildet sich zu einem Mann des Wortes. Škácha wendet sich der Fotografie zu, er wird ein Mann der Bilder, absolviert eine Lehre, besucht die Prager Kunstakademie. Das Land hat sich unterdessen in eine der unbeweglichsten stalinistischen Diktaturen des Ostblocks verwandelt. Škácha hat keine Fotos mehr aus dieser Zeit, er malt sie mit den Händen in die Luft. Der chronische Mangel. Die Menschen, die vor den Geschäften Schlange stehen. Parteiobere, die sich bereichern.

SEIT DEN FRÜHEN 1960ER JAHREN artikuliert sich dann allmählich Kritik. Die kleinen Bühnen Prags spielen die absurden Stücke Havels, in denen die Propagandasprache, sich selbst entlarvend, leerläuft. 1963 wird das verfemte Werk Franz Kafkas rehabilitiert, was einem Eingeständnis der bestehenden Verhältnisse gleichkommt. Wie kein anderer Autor hat Kafka mit kühlem Sarkasmus Visionen eines totalitären Machtapparates heraufbeschworen, in dessen Fängen der Einzelne zermalmt wird. Selbst innerhalb der Partei gärt es: Dort findet seit Beginn der 1960er Jahre der Ökonom Ota Šik mit seinen Ideen Gehör, plan- und marktwirtschaftliche Elemente zu verbinden. 1967 schließlich suchen die Intellektuellen die offene Konfrontation mit der Parteiführung – auf dem legendären IV. Schriftstellerkongress.

„Ich spürte: Jetzt ändert sich etwas", sagt Škácha, der auf der Versammlung so gebannt zuhört, dass er vergisst, die Kamera zur Hand zu nehmen. Es ist, als verwirrten sich ihm vor Aufregung die Sinne, ganz Ohr ist er, nicht mehr Auge: „Es wurde in einer Offenheit gesprochen, die ich so nicht kannte."

Jahrelang hatte die Devise geherrscht: Denke, was du willst, aber sage es nie. Nun wird das Schweigen allerorten gebrochen, und in der Partei entbrennt ein Machtkampf, der im Januar 1968 zum Sturz des amtierenden Generalsekretärs Antonín Novotný führt. Zu dessen Nachfolger wird der Slowake Alexander Dubček gewählt, ein Verlegenheitskandidat, der auch in Moskau Zustimmung findet – sich aber rasch als entschlossener Reformer erweist. Mit ihm beginnt, so Škácha, „dieser wunderbare Frühling". 1968: Die Regierung hebt die Pressezensur auf, sie rehabilitiert politische Opfer, treibt Wirtschaftsreformen voran und erleichtert Reisen in den Westen; Tschechen und Slowaken sollen gleichberechtigt in einem föderal organisierten Staat leben. Das Schlagwort vom „Sozialismus mit menschlichem Antlitz" macht die Runde. Dass er auch ein unmenschliches haben kann, schwingt darin mit.

Bereits im März versuchen Reformgegner aus dem Politbüro, Dubček zu stürzen – doch das Komplott wird aufgedeckt. Im Sommer beginnt das Manöver „Böhmerwald" auf tschechischem Boden: Truppen und Panzer aus den Staaten des Warschauer Paktes überqueren die Grenze zu Übungszwecken – eine unmissverständliche Drohgebärde Moskaus. Gleichzeitig wächst der Druck aus der Bevölkerung, die sich mit ihrer Führung solidarisiert, aber noch weiter gehende Reformen erhofft. Václav Havel ist einer der Ersten, der einen demokratischen Staat fordert. Die Demokratisierung der Gesellschaft hat indes schon begonnen. Eine unabhängige Presse entsteht, politische Klubs gründen sich. Nicht mehr nur die Gedanken sind frei. Und auch Oldřich Škácha genießt die neue Leichtigkeit.

Ein Foto, entstanden im Mai 1968 in der Wohnung des Filmregisseurs Miloš Forman, lässt die gelöste Atmosphäre jener Wochen noch einmal lebendig werden: Forman, der später in Hollywood Karriere machen wird, steht lächelnd hinter einem Sessel. Neben ihm posieren Freunde, und auf dem Sessel pafft ein Mann aus London seine Zigarre, der Sohn von Winston Churchill, zu Gast in Prag, um einen Vortrag zu halten. Alles scheint in diesen Tagen möglich. Der Westen kommt nach Prag, und in Prags Straßen sieht es ein wenig so aus wie in Paris oder Berlin. Männer tragen die Haare lang, Frauen ihre Röcke kurz.

In Bratislava, wenige Hundert Kilometer südöstlich, wandert unterdessen – am 3. August 1968 auf einem internationalen Treffen der kommunistischen „Bruderparteien" – ein geheimer Brief von einer Hand in die andere, angeblich auf einer Herrentoilette. Es ist ein Einladungsbrief der „gesunden Kräfte der KPČ", der moskautreuen tschechoslowakischen Kommunisten. Gerichtet ist er an den sowjetischen Delegierten der Zusammenkunft, und er enthält nichts Geringeres als die Bitte um eine „kollektive Hilfsaktion". Der Auslöser: „Zweitausend Worte" – so der Titel eines Manifests aus der Feder des Schriftstellers Ludvík Vaculík, das mehr als 60 tschechoslowakische Intellektuelle und Künstler unterschrieben haben. Das Manifest spricht voller Zuversicht von einer künftigen Demokratie und setzt den Sozialismus in Anführungszeichen. Die KPČ distanziert sich eilig von dem Hilfsgesuch. Doch es ist zu spät.

Oldřich Škácha blättert die Fotos eines nach dem anderen auf den Tisch: Panzer rollen über den Wenzelsplatz; wehrlose Menschen versuchen, sich ihnen entgegenzustellen. In einer Prager Altstadtstraße geht ein Panzerwrack in Flammen auf. Blumen liegen auf dem Kopfsteinpflaster, daneben eine blutgetränkte tschechoslowakische Fahne; ringsum Menschen in Trauer über einen Toten, erschossen beim Einmarsch.

Škácha erinnert sich genau an jenen 21. August 1968, an dem Truppen des Warschauer Paktes dem „Prager Frühling" ein jähes Ende setzen. „Mein Schwager riss mich aus dem Schlaf, es war drei Uhr früh, er sagte: Sie marschieren ein."

Tatsächlich sind bereits in den Abendstunden des Vortages schwere sowjetische Militärmaschinen auf dem Prager Flug- →

1975. Am Wärmepol der Dissidenz: Schriftsteller Pavel Kohout und seine Frau im Wochenendhaus von Václav Havel. Der Gastgeber schmiegt sich links an

P

1968. Demonstrant mit tragbarem Radio. Nach dem sowjetischen Einmarsch gelingt es Sendern, etwa als Kindergarten getarnt, on air zu bleiben. Auch die Wenzel-Statue mitten in Prag wird zur Informationsbörse. Doch nur für kurze Zeit

hafen gelandet. Um drei Uhr nachts setzt sich von der ungarischen Grenze aus eine Panzerdivision in Bewegung. Die Soldaten haben keine Ahnung, was ihnen bevorsteht. Man hat ihnen gesagt, sie kämen als Befreier ins Land, als Kämpfer gegen die vom Westen gesteuerte „Konterrevolution". Sie haben neue Kalaschnikows bekommen, sie haben jeder 120 Patronen und zwei Granaten bei sich, und sie erhalten erhöhte Essensrationen. Die Menschen schauen verschlafen aus den Fenstern. Wer seid ihr? – Die Rote Armee.

Frühmorgens hören auch Škácha und sein Schwager das Kreischen von Panzerketten. „Ich bin sofort los", sagt Škácha. Das erste Foto, das er aufnimmt, zeigt einen Panzer auf einer Vorortstraße, Dämmerlicht. „Ich konnte nicht glauben, was

»Ich bin sofort los«, sagt er, »und konnte nicht glauben, was ich sah«

ich sah." Truppen aus der Sowjetunion, Polen, Bulgarien und Ungarn besetzen an diesem Morgen die ČSSR; auch die DDR stellt Soldaten, doch sie marschieren nicht ein.

EINE WEILE NOCH leisten die Tschechoslowaken mit schlitzohrigen Sabotageakten Widerstand. 20 Kilometer vor Prag macht Škácha Bilder von Dorfbewohnern, die einen Wegweiser abmontieren, um die Besatzer zu verwirren. Mancherorts stellen sie sogar neue auf: Moskau, hier entlang! In den Restaurants steht auf den Speisekarten „Breschnew-Hirn im eigenen Saft". Doch das Unglaubliche ist unabwendbar: Nachtfrost senkt sich über den Prager Frühling. Dubček wird nach Moskau entführt. Am 27. August verkündet er seinen Landsleuten mit stockender Stimme das Ende ihrer Hoffnungen. Noch bis Frühjahr 1969 bleibt er im Amt, vollstreckt die von Moskau diktierte Exekution seiner eigenen Politik. Das Land rast rückwärts durch die Zeit in die stalinistische Kältezone; ein Wahnsinn, der sich bald „Normalisierung" nennt, und gegen den, in ohnmächtiger Verzweiflung, am 16. Januar 1969 der Student Jan Palach auf den Wenzelsplatz geht, sich mit Benzin übergießt und anzündet.

„Vergessen: Das ist der Schlüssel zur sogenannten Normalisierung in der Tschechoslowakei", schreibt der Historiker Timothy Garton Ash: „Erfolgreich hat das Regime die Menschen aufgefordert: Vergesst 1968. Vergesst eure demokratischen Traditionen. Vergesst die Politik. Im Gegenzug dafür werden wir euch ein komfortables, sicheres Leben bieten. Es wird reichlich Lebensmittel in den Geschäften geben und billiges Bier in den Kneipen." Doch es gibt in der Tschechoslowakei auch nach 1968 noch Menschen, die sich auflehnen.

1975, ein Foto von Škácha: Václav Havel sitzt rauchend auf seinem Sofa und liest einen Brief, den er gegen den Rat seiner Freunde abschicken wird – an Dubčeks Nachfolger Gustav Husák. „So bleibt in Wirklichkeit nichts vergessen", schreibt Havel, „all die erlittene Angst, all die erzwungene Heuchelei, die ganze peinliche, unwürdige Narretei – und vielleicht vor allem das Gefühl der eigenen Feigheit –, das alles setzt sich ab und sammelt sich irgendwo am Boden des gesellschaftlichen Bewusstseins und arbeitet dort leise weiter." Havel ist damals längst ein geächteter Autor. In den Gefängnissen des Landes schneiden Strafgefangene seine Texte aus den Schulbüchern.

Auch Škácha hat nach 1968 keine Möglichkeit mehr, seine Fotos zu publizieren. Zwei Jahre lang schlägt er sich als Hilfsgärtner durch. Dass er zum informellen Kreis um Václav Havel und Pavel Kohout gehört, mag ebenfalls dazu beigetragen haben, dass er Opfer der Zensur wird – zugleich aber rettet ihn seine Verbindung zu den Dissidenten, zu Havel und Kohout, zu dem Dramatiker Pavel Landovský, dem Schriftsteller Zdeněk Urbánek und all den anderen. Škácha ist ein gern gesehener Gast auf ihren Versammlungen; die Schriftsteller schenken dem aufmerksamen Mann rasch Vertrauen. Bald ist er ihr inoffizieller Chronist, und so entstehen, am Wärmepol der Dissidenz, tief unter der Eisdecke der Normalisierungsjahre, seine vielleicht schönsten Aufnahmen.

Es sind Fotos eines Mannes, der sich nicht in den Vordergrund spielt – Škácha wählt keine exzentrischen Perspektiven. Fotos eines Anteil nehmenden Beobachters, ohne Blitz und ohne Eitelkeit. Er darf dabei sein, das ist sein Glück, die Gruppe bietet ihm Schutz. Da gruppiert sich ein Quintett von Laiendarstellern, Musikern, Publizisten, Künstlern: eine Wohnzimmeraufführung von Shakespeares „Macbeth". Da sieht man eine Lesung in Pavel Kohouts Haus. An der Wand des Raumes hängt – in stillem Protest gegen den verordneten Atheismus – ein Madonnenbild. Dazwischen Porträts: Kohout und dessen Frau samt Hund und Wellensittich in der Badewanne. Havel, wie immer rauchend, auf der Bank vor seinem Ferienhaus in Hrádeček, dem Treffpunkt der Dissidenten.

Die Zusammenkünfte sind für Škácha ein Stück gelebte Freiheit. Aber sie verlangen auch die Bereitschaft, in Gefahr zu leben, denn Havel und seine Mitstreiter belassen es nicht dabei, sich eine Nische zu schaffen. Sie wehren sich offen gegen die Repressionen des Regimes und fordern es im Januar 1977 mit ihrer „Charta 77" dazu auf, die Menschenrechte einzuhalten, statt sie mit Füßen zu treten. 242 Charta-Unterzeichner sind es anfangs: ehemalige Reformkommunisten und Nichtkommunisten, Künstler und Wissenschaftler, Christen und Atheisten, und sie zahlen einen hohen Preis. Nur zu brutal beweist das Husák-Regime, wie begründet die Kritik ist.

Immer wieder lädt die Geheimpolizei den Fotografen vor. Was wissen Sie über Havel und seine Freunde? „Die einzige Chance war ein beharrliches Ich-weiß-von-gar-nichts. Manchmal habe ich Erinnerungslücken vorgetäuscht, einen Alkohol- →

1| Private Momente, Augenblicke gelebter Freiheit – Fotograf Škácha hat viele davon eingefangen. Immer wieder im Bild: Václav Havel 2| Wohnzimmeraufführung von Shakespeares »Macbeth« 3| 1977. Regimekritiker Pavel Kohout mit Frau Jelena, Dackel Edi und Wellensittich Walter. Das Foto fiel der Geheimpolizei in die Hände: »Seht her, die baden in Champagner!« 4| Käseparty in Kohouts Haus: Honorare aus dem Ausland erhielten die Autoren von Schweizer Boten – in bar, die Scheine zwischen Naturalien versteckt 5| Havel und Frau Olga

1

2

3

4

5

1990. Havels Präsidentschaft tragen Triumphwogen – und eine Botschaft: Wahrheit und Liebe sollen Lüge und Hass besiegen

rausch." Einmal schlägt einer der Geheimpolizisten rücklings und mit Wucht gegen den Stuhl des Verhörten. „So war das: ein *bad guy*, der hinter dir steht, ein *good guy*, der vor dir sitzt. Ich hatte Angst." Sagt es und lacht, noch immer wie erleichtert. „Wenn einer von uns vom Verhör kam", erzählt Škácha, „ging er sofort ins Café Slavia und berichtete den anderen."

Mit dem Sicherheitsabstand von drei Jahrzehnten blickt Škácha auf die Jahre der Angst. Wie ein böser Traum wirkt alles nach dem großen Erwachen von 1989, wie ein absurdes Theaterstück – in dem vor allem der Dramenautor Václav Havel sein Leben zur Bühne gemacht hat. Škácha kennt die Geschichten von den Spitzeln, die Havel damals auf Schritt und Tritt folgen. Einmal soll der Observierte den bei Glatteis verunglückten Skoda seiner Verfolger mit dem Abschleppseil aus dem Straßengraben gezogen haben. 1979 dann wird Havel, nach früheren kurzen Gefängnisaufenthalten, mit fünf anderen Dissidenten erneut verhaftet. Die Anklage: „Untergrabung der Republik". Das Urteil: viereinhalb Jahre ohne Bewährung.

Rund 570 Erklärungen geben die Chartisten bis 1989 heraus. In der ČSSR erscheinen sie allesamt im Eigenverlag, Samisdat genannt, illegal, auf Schreibmaschinen mit einer dicken Lage Durchschläge vervielfältigt. Ihre Opposition verstehen die Dissidenten dabei nicht als die einer Partei gegen die Herrschenden, sondern als „unpolitische Politik", als Aufklärungsarbeit von Menschen, die sich gegen die Unmenschlichkeit wehren. Doch unter dem Druck des Regimes bleiben sie eine marginalisierte Gruppe: Ende 1988 haben gerade einmal 1443 Tschechoslowaken ihren Namen unter das Ursprungsdokument, die „Charta 77", gesetzt.

OLDŘICH ŠKÁCHA stemmt sich hoch und räumt die Bilder zusammen. In verrutschenden Stapeln bedecken sie den Tisch und fügen sich wie zufällig zu einer Erzählung: Havels Gesicht lugt unter einer Aufnahme von 1989 hervor, darunter ist der Geschützlauf eines Panzers zu sehen. „1968, das war das Ende der Illusion, man könne den Kommunismus reformieren", sagt Škácha, „1989 kam das Ende des Kommunismus selbst." Und es kommt so schnell, dass jeder Satz zu viel scheint, um das Tempo des Umbruchs zu beschreiben. Die bewegten Monate der zweiten Jahreshälfte 1989 hindurch war das Husák-Regime so starr geblieben wie ein Granitblock. Ringsum wankten die kommunistischen Regierungen, die Prager Botschaft der BRD drohte vor DDR-Flüchtlingen zu bersten. Dann, innerhalb weniger Wochen, kippt auch der Parteiapparat der ČSSR wie eine Pappkulisse, und Škácha steht im dritten Stock des Verlagshauses Melantrich am Wenzelsplatz und weint. Eine Etage tiefer betritt Václav Havel den Balkon. An der Fassade empor branden die Rufe „Havel, Havel!". Es ist der 24. November 1989, Škácha ist – wieder einmal – zu ergriffen, um seine Leica hervorzuholen.

Genau eine Woche zuvor hatte die „samtene Revolution" begonnen. Dort, wo die Narodní-Straße am Nationaltheater von der Moldau ins Altstadtmassiv schwenkt, war die Polizei mit Knüppeln auf eine Gruppe eingekesselter Demonstranten losgegangen. Blut auf dem Pflaster, wenig später die Fehlmeldung: Ein junger Mann ist tot! Wiederkehr der Bilder – Prag 1968 und vor allem Prag im Herbst 1939. Damals haben die Nationalsozialisten eine antifaschistische Demonstration von Studenten blutig niedergeschlagen, neun der Teilnehmer hingerichtet. Zu Ehren dieser Opfer haben sich die Demonstranten, wie in jedem Jahr, am 17. November 1989 versammelt.

Videoaufnahmen der Polizeigewalt kursieren wenig später in der Stadt, und aus dem studentischen Protest formiert sich eine Massenbewegung. 19. November: Das Bürgerforum gründet sich, ein Zusammenschluss aus zwölf Oppositionsgruppen; Václav Havel wird zum prominenten Sprecher des Protests. Und von Tag zu Tag sind mehr Menschen auf den Straßen. Die Petition „Ein paar Sätze" – eine Anspielung auf die Zweitausend Worte von 1968 – trägt bald 30 000 Unterschriften. Und weiter führt der Weg, auf den Letná-Hügel, wo am 25. November 1989 die größte Kundgebung der Revolution stattfindet. Zwei Wochen später tritt Gustav Husák zurück und Havel auf die Bühne der großen Geschichte. Am 29. Dezember wählt ihn das Parlament zum Präsidenten eines endlich freien Landes.

Und Škácha?

„Ich hätte damals der offizielle Burg-Fotograf werden können", erzählt er – doch er schlägt das Angebot aus: „Ich wollte nicht nur Staatsempfänge fotografieren." Er will das neu erwachte Leben vor die Kamera bekommen, er fotografiert für die Zeitungen und Magazine, die nun entstehen, und doch bleibt er auch weiterhin an der Seite des ehemaligen Dissidenten, setzt die Bilderchronik fort, die er 1970 mit seinem ersten Foto von Havel begonnen hat. Auf manchen Fotos wirkt Havel selbst im Präsidentenamt noch wie ein Dissident, wie einer, der sich verlaufen hat in die Welt der „politischen Politik". Die Tschechen mögen ihn. Vielleicht auch deshalb, weil er ihnen zur Symbolfigur einer wahrhaft erhebenden Erinnerung geworden ist: an die samtene Revolution, die gelungene Befreiung. „Den Präsidenten" nennt ihn Škácha noch immer.

Herr Škácha, was schätzen Sie so sehr an Václav Havel? „Seine Anständigkeit. Dass er zuhören kann. Seine Unbeugsamkeit im Kampf für die richtige Sache." Und was schätzt Václav Havel an Ihnen? „Er duldet mich mit freundschaftlichem Respekt, ich fotografiere ohne Blitz, ich störe nicht, ich gehöre zum Inventar." ■

Oldřich Škácha, 68, lichtete Václav Havel (liegend) kurz nach dessen Wahl mit engsten Mitarbeitern ab. 13 Jahre später, am Ende der Amtszeit, dasselbe Bild. Nur dass der Fotograf, der stets im Hintergrund blieb, nun im Vordergrund liegt. Autor **Christian Staas**, 34, ist Chefredakteur von „ZEIT Geschichte".

FRAGIL

Billigkonkurrenz, eine veränderte Tischkultur, der Druck der Weltwirtschaftskrise: Die tschechische Glasindustrie, einst ruhmreicher Weltmarktführer, droht zu zerbrechen. Zahlreiche Firmen stehen vor dem Aus. Doch noch gibt es klare Beweise dafür, dass die Branche mit jahrhundertealter Tradition keineswegs ein Scherbenhaufen ist

TEXT ¬ KRISTINA CHMELAŘ

Über 500 Grad heiß war das Glas, als es seine Form bekam. In einem Prozess, der höchster Geduld bedarf und sich über Wochen und Monate ziehen kann. Denn immer wieder muss ein Werkstück erkalten. Behutsam, allmählich, damit es nur nicht zerspringt. Als Endprodukt offenbart René Roubíčeks FESTLICHE SCHALE (2009) die Einzigartigkeit von Glas: Trotz aufwendiger Geburtsprozedur wirkt sie leicht und verspielt – darin liegt die Kunst. Es sind Meister wie Roubíček und Werke wie dieses, die eine Tradition zur Perfektion führen. Schon im 13. Jahrhundert entstanden im Iser- und Lausitzer Gebirge erste Glasereien. Denn hier gab es mit Quarzsand, Kieselerde, Kalkstein und Pottasche die wichtigsten »Zutaten«. Auch für NAUTILUS (2001) von Ivan Mareš, ein Wesen aus großen kreativen Tiefen

Seine Gläser knospen, schlingen und winden sich überschwänglich. Bořek Šípek nennt es Neo-Barock. Und knüpft mit poetischen Werken wie der Hängeleuchte SOMNISANCTUM HYPNOS (1997) bewusst an die Blüte der böhmischen Glasverarbeitung an. Jene Zeit ab dem 18. Jahrhundert, in der die Tschechen mit ihren überlegenen Glasveredlungstechniken von Nordböhmen aus den Weltmarkt beherrschten

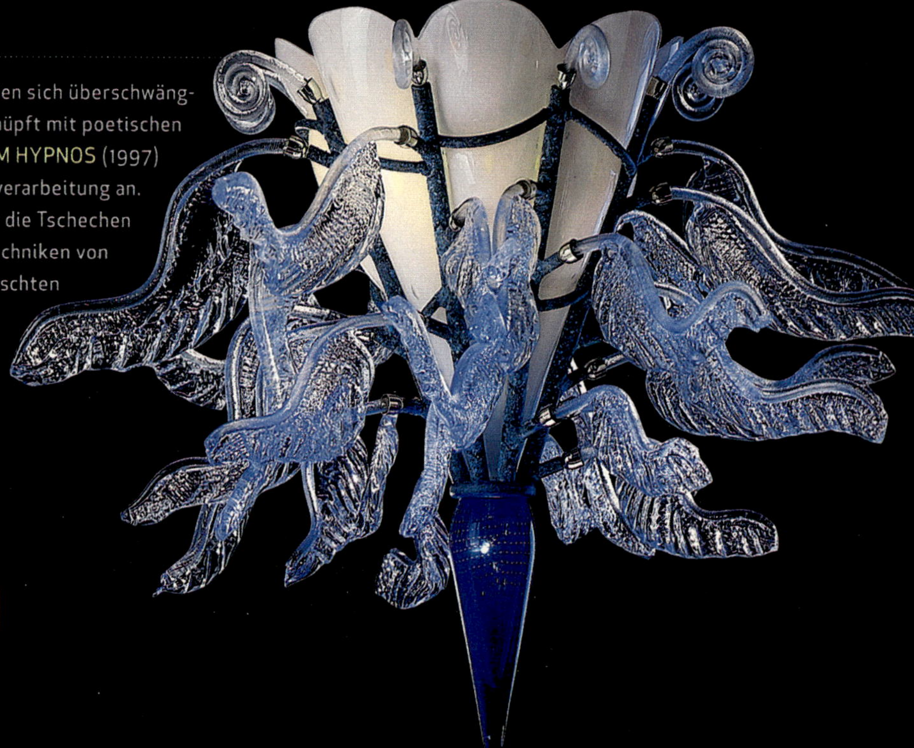

Bei der Karlsbader Luxusmarke Moser ist der Kunde König, oft im wahrsten Sinne des Wortes. Wer weiß, vielleicht steht diese AMPHORE (2007) auch im Porzellanschrank der britischen Queen. Moser behauptet sich mit Gläsernem, das leicht Hunderte Euro kostet, bis heute. Für andere Traditionshäuser, etwa den bisherigen Branchenprimus Bohemia Crystalex Trading, scheinen die königlichen Zeiten dagegen vorbei zu sein

Die Glas- und Porzellanriesen des Landes schreiben rote Zahlen. Mit ihnen gemein hat Ivana Šrámkovás ROBOTERIN (2006) glücklicherweise nur die Farbe. Mitte des 20. Jahrhunderts emanzipierte sich die Kunst vom reinen Nutzglas. Eine neue – oft lukrative – Ära der Glasverarbeitung hatte begonnen. Für Kunstwerke werden bis heute fünfstellige Summen gezahlt

Ikea-Gläser, asiatische Billigfabrikate und Einweggeschirr sind der natürliche Feind der Tradition – dem Maxim Velčovský mit frechen Parodien wie SOMMELIER, Gläsern im Pappbecher-Look, begegnet. Der 33-Jährige hat es mit seinem Label Qubus zum Star der jungen tschechischen Designszene gebracht

Eine Größe der durchsichtigen Szene ist auch Jan Fišar. Seine Plastik OPAS SPAZIERGANG (1996), eine in jeder Hinsicht gewichtige Komposition – etwa 20 Kilogramm schwer – aus gezogenem und geschliffenem Hohlglas, ziert die Glasgalerie Hittfeld bei Hamburg. Die wohl renommierteste Anlaufstelle für zeitgenössische böhmische Glaskunst

Glaskunst ist wie Jazz, sagt das Branchen-Urgestein René Roubíček. Und tatsächlich ist ein Zusammenspiel zwischen Künstler und großer Glashütte vonnöten, um diffizile Ideen wie Roubíčeks BUDDY (2008) Realität werden zu lassen. Mit rund 5800 Euro ist auch im Preis für eine derartige Verbindung von Kreativität und Handwerkskunst durchaus Musik

Glasklar: Über alle Epochen hinweg gehörten die Tschechen zur Avantgarde. Ihnen gelang es, die stilistischen Besonderheiten jeder Zeit in gläsernem Schaffen zu spiegeln. Wie die Opulenz von Barock bis Romantik führten sie auch minimalistische Stile des 20. Jahrhunderts zu zeitloser Vollendung. So auch Karl Palda seinen ART-DÉCO-FLAKON (nach 1930)

Grün wie die Hoffnung. Der RING (2009) von Aleš Vašíček ist nicht nur seiner Farbe wegen ein Zeugnis dafür, dass Böhmens Glaszunft eine Zukunft hat. Jedes Jahr verlassen junge Glaskünstler die Prager Kaderschmiede UMPRUM; insgesamt zehn Ausbildungsjahre haben sie dann hinter sich gebracht. Nur um der Welt wieder und wieder zu beweisen, dass Tschechen mehr können. Mehr als Blümchenmuster malen

GLAS KAUFEN

BILLIGE FLIESSBAND-FABRIKATE wie den Fisch gibt es in Prag an jeder Ecke. Vorsicht vor allem auf den touristischen Trampelpfaden! Mit einer Ausnahme unweit des Altstädter Rings: **Celetná Crystal,** *Celetná 15, Tel. 00420-222 324 022*. In den schier zahllosen Vitrinen dieser »Mutter aller Glasläden« eröffnet sich das gesamte Spektrum der zerbrechlichen böhmischen Spezialität. Hervorragende Lage plus herausragende Beratung haben allerdings auch ihren Preis.

RÜCKL CRYSTAL ist die richtige Adresse für Freunde des Exklusiven. Keine halbe Autostunde von Prag entfernt, steht in Nižbor eine kleine, aber feine Glashütte. Seit über anderthalb Jahrhunderten entsteht hier das typische böhmische Kristallglas. Vom Weinkelch bis zum Sportpokal, den selbst Andre Agassi bei sich zu Hause hat, bietet der Hersteller nahezu alles. Auch Führungen durch die Werkstätten: *Tel. 00420-311 696 248, www.ruckl.cz/en/index.php.*

ADEL GESICH

Eines haben sie seit der Wende alle gemein: ein Schloss. Manchmal auch zwei oder drei. Aber ihre Lebensgeschichten könnten unterschiedlicher nicht sein. Ortstermine bei jenen, die sich alter oder neuer Adel nennen

FOTOS ¬ **FRANZ KILLMEYER** TEXT ¬ **THOMAS VESZELITS**

TET

An der Spitze der neuen Adelsliga, auf dem Balkon seines Prager Palastflügels: William Lobkowicz

Fürst kann sich **William Lobkowicz**, 47, seit seiner Geburt in Boston nennen. Doch der ranghöchste Aristokrat Tschechiens musste lange im amerikanischen Exil arbeiten, als Investmentbanker und Immobilienmakler – bis er sein Erbe im Land der Vorfahren antreten konnte.

MEINE VORFAHREN waren die Kanzler unter den Königen früherer Jahrhunderte. Deshalb steht der Lobkowicz-Palast neben der royalen Residenz am Hradschin. Ich bin also Nachbar des gerade amtierenden Präsidenten und kann auf der Terrasse nicht nur ein fabelhaftes Prag-Panorama, sondern auch den Blick in das Büro des Staatschefs bieten. Das ganze Anwesen ist, als Museum, meinen Ahnen gewidmet, denn mit dem Namen Lobkowicz ist die tschechische Geschichte aufs Engste verknüpft. Man muss nur durch diese Räume gehen, und schon erschließen sich Politik, Kunst und Kultur aus mehr als 400 Jahren. Beethoven war Gast bei uns, seine dritte Sinfonie, die „Eroica", ist meinem Ururgroßvater Maximilian gewidmet, andere sind es auch. Einige Originalblätter aus den Partituren liegen in einer Vitrine. Zu unserer Sammlung gehören Gemälde von Velázquez, Tintoretto, Rubens, Canaletto. Und Brueghels berühmte „Heuernte". Sie hängt neben der Waffenkammer, meinem Lieblingsort. Denn die filigranen Musketen, Karabiner und Säbel dort begeistern mich derart, dass ich sie manchmal, wenn es niemand sieht, streicheln muss.

Meinen kompletten seit 1993 zurückerhaltenen Besitz aufzuzählen würde lange dauern. Ich habe vier Jahre lang mit sieben Anwälten um ihn gekämpft. Allein das hat ein Vermögen gekostet. Als Stichworte kann ich nennen: Auf meinem zweiten Schloss, in Nelahozeves, finden während der Dvořák-Festspiele Konzerte statt. Das dritte Schloss, Roudnice, mit mehr als 200 Zimmern, habe ich erst kürzlich übernommen. Die mittelalterliche Burg Střekov musste ich zurückgeben. Sie steht leider auf einem absturzgefährdeten Felsen. Und es gibt Lobkowiczer Biere und Weine.

Wichtig für mich ist vor allem, möglichst viele an meinem Glück teilhaben zu lassen. Vom Rang her bin ich Fürst, fühle mich aber bürgerlich. Geboren in Amerika, bin ich es gewohnt, dass man mich einfach William nennt.

Livia und Jerome Colloredo-Mansfeld, 43 und 60, verwalten den größten Waldbesitz des Landes. Ihr Schloss in Dobříš war einst Geschenk des Habsburger Kaisers Ferdinand III.: ein Dank dafür, dass Urahn General Colloredo siegreich blieb – und Prag 1648 nicht an die Schweden fiel.

WENN DER LETZTE BESUCHER GEGANGEN IST, spazieren wir gern noch allein durch den französischen Park, der unser Rokoko-Schloss umgibt. Vorbei an einem Kuriosum: dem Denkmal der Bisamratte, aus Bronze gegossen. 1905 brachte mein Großvater von einer Expedition aus Alaska ein Nager-Pärchen mit. Es hört sich unglaublich an, aber vom Schloss Dobříš aus breiteten sich diese Tierchen über ganz Osteuropa aus.

Ebenso unaufhaltsam zerfällt heute unsere Orangerie. Malerisch oder romantisch, sagen manche zu diesem Anblick. Für uns ist er eine Katastrophe, weil die Instandsetzung drängt – und das Geld noch fehlt. Die Farbmuster der Fassade stammen aus der sozialistischen Ära. Damals wurde halbherzig mit der Sanierung begonnen. Das Schloss diente als „Heim der Schriftsteller", man könnte auch Dichter-Asyl sagen. Ungestört sollten hier privilegierte Autoren neue Werke schreiben, aber es ist in vier Jahrzehnten nichts Bedeutendes entstanden. Auch Pablo Neruda, als Ehrengast der Partei eingeladen, fiel hier keine einzige Zeile ein. Möglicherweise lag es an den wenig inspirierenden Räumen, schlicht wie in einer Kaserne eingerichtet: Bett, Schrank, Tisch und Stuhl.

1998 erhielten wir das Schloss zurück. Aber nur die „nackten Wände", so steht es im Restitutionsdekret. Die Kunstsammlungen, Wandtapisserien, die gesamte Einrichtung samt Rokoko-Chaiselongues und venezianischen Lüstern, einfach alles, was Besucher beim Rundgang sehen, gehört noch dem Staat. Wir klagen auf Rückgabe, das Ende der Prozesse ist nicht abzusehen. Tradition fortzuführen ist eine schwierige Aufgabe. Es heißt nicht umsonst: Besitz belastet. Aber dass ausgerechnet mit uns der jahrhundertealte Stammsitz untergehen soll … So wollen wir nicht in die Geschichte eingehen!

Zdeněk Sternberg, 86, Chef der gleichnamigen Adelslinie, erfuhr die kommunistische Willkür am eigenen Leib. Die Entschädigung kam erst nach der Wende. Präsident Václav Klaus ehrte den als Burgherr auf seinen Stammsitz Zurückgekehrten mit einem Verdienstorden.

ČESKÝ ŠTERNBERK ist eine der ältesten Steinburgen des Landes. 1241 bis 1242 erbaut, nur ein einziges Mal erobert, 1467. Durch den Gang vor meinen privaten Gemächern schieben sich mindestens 150 000 Besucher im Jahr. Wenn ich in diesen Trubel gerate, werde ich wie ein Popstar belagert. Die Menschen wollen ein Foto mit mir, ein Autogramm. Da warte ich lieber, bis der Ansturm vorbeizieht, stehe still hinter der Tür und denke über mein Leben nach. Nach der Verstaatlichung 1948 wurde mein Vater in seinem eigenen Schloss als Kastellan angestellt, führte Besuchergruppen. Manchmal trug er seine Schuhe ohne Socken, weil er meiner Mutter nicht erlaubte, die Löcher zu stopfen – und für ein neues Paar kein Geld da war. „Es gehört sich nicht für einen Grafen, in geflickten Socken herumzulaufen“, sagte er.

Im Sozialismus wurden wir Adeligen als Klassenfeinde verfolgt. Für mich bedeutete das: mit der Strafkompanie ins Bergwerk, eine lebensgefährliche Arbeit. Danach durfte ich nicht studieren, musste mich als Bühnenarbeiter am Prager Operettentheater durchschlagen. 1968 ging ich mit meiner Frau ins Exil nach Wien. Es fiel mir schwer, aber bevor mein Vater starb, machte er mir Mut: „Du wirst erleben, dass du unseren Besitz zurückbekommst.“ Diesen Glauben gab ich nie auf. Jetzt kann mein Vater im Himmel sehen, wie recht er hatte.

Es ist nur schade, dass alles so spät gekommen ist. Mit über achtzig hat man nicht mehr die Kraft, die man für so eine große Aufgabe braucht. Aber mein Blut ist nicht nur blau, es steckt auch eiserne Disziplin drin. Ich arbeite täglich mindestens zehn Stunden, hole sogar die Post persönlich ab, überwache die Bauarbeiten am Turm, beaufsichtige Land- und Forstwirtschaft. Bleibt mir Zeit, schaue ich nach meinen Steinadlern im Gehege. In meiner Jugend züchtete ich diese faszinierenden Raubvögel selbst, heute macht es mein Falkner.

Mein größter Luxus aber ist es, sonntags in meiner eigenen Kapelle zu beten. Damit unsere Burg nie mehr in Teufelshand gerät.

Die Sternbergs gehören zu den ältesten aristokratischen Familien des Landes. Heute helfen Jiří Sternberg und seine Frau, 41 und 34, der Adelsspross und die Lehrerstochter, neue Familien zu gründen – und haben Schloss Jemniště zu einer Kulisse für Märchenhochzeiten gemacht.

DEN ANBLICK, als wir den Schlossgarten erstmals betraten, werde ich nie vergessen. Zugewuchert wie bei Dornröschen. Das Farnkraut reichte uns bis zur Brust. Wir standen eine Weile wie angewurzelt da, bis meine Frau sagte: „Das nehmen wir!" Kennengelernt haben Petra und ich uns wie in einem Drehbuch nach Rosamunde Pilcher. Sie war für die Führungen auf der Burg meines Onkels Zdeněk zuständig, ich machte dort ein Praktikum: Bratwürste besorgen, Tische decken im Burgrestaurant, Mädchen für alles sein. Dabei habe ich mir geschworen, in meinem Leben weder Gast- noch Landwirt zu werden. Als dann 1995 der Rückgabebeschluss für unser Familienschloss Jemniště im Briefkasten landete, war ich deshalb nicht sicher, ob ich mir das aufbürden sollte. Bei der Besichtigung änderten sich meine Gefühle sofort. Die Frontfassade schien in gutem Zustand zu sein, das Dach ebenfalls. Also nahmen wir das Schloss.

So bin ich doch noch in der Gastronomie gelandet, organisiere jetzt Hochzeitsfeiern für mehrere Hundert Gäste. Auch als Quereinsteiger in der Landwirtschaft lerne ich jeden Tag dazu. Neuerdings bauen wir sogar Brennnesseln an. Zu Briketts gepresst, hat dieser nachwachsende Brennstoff fast so viel Heizenergie wie Braunkohle. Als frischgebackener Schlossherr muss man sich nämlich an die Kälte in so einem Gebäude gewöhnen.

Überhaupt ist manches nicht ganz so, wie es scheint: Das deutsche Fernsehen drehte bei uns den Zweiteiler „Durch Liebe erlöst" nach einem Roman von Hedwig Courths-Mahler. Um die Kulisse noch romantischer zu gestalten, stellte die Crew Steinfiguren aus Italien in den Park. Kopien von Werken alter Bildhauermeister. Bisher sind die Fälschungen niemandem aufgefallen.

Vratislav Veselý, 51, hat nach dem Umbruch auf die richtigen Geschäftsideen gesetzt und gehört zu den Wendegewinnern des Landes. Inzwischen Multi-Unternehmer, hat sich Herr Lustig – so die Übersetzung seines Nachnamens – gerade einen Palast zugelegt. Und zwar nicht irgendeinen.

WER KENNT DIESES HISTORISCHE EREIGNIS VON 1618 NICHT: Zwei katholische Statthalter werden von aufgebrachten Protestanten kurzerhand aus dem Fenster ihrer Amtsstube geworfen. Sie landen weich auf einem Misthaufen, überstehen die „Defenestration". Dennoch löst dieser Zwischenfall den Dreißigjährigen Krieg aus. Im Palast eines der Betroffenen (Jaroslav Bořita z Martinic, er trug Prellungen davon) wohne ich jetzt. Adresse: Hradschinplatz 67/8, wenige Schritte bis zur Burg. Die rechtmäßigen Erben mussten den Renaissance-Bau nach der Rückerstattung 2005 wieder verkaufen. Aber wenn das Glück mit den Tüchtigen ist, dann wird es mir gelingen, etwas daraus zu machen – wie aus meinen fünf Firmen: Neu- und Gebrauchtwagen, Werkstatt, TÜV und ein Transportunternehmen. Ich habe nach der Wende bei null angefangen und den richtigen Riecher gehabt: Alles, was sich um Autos drehte, war eine Goldgrube.

Nun soll mein Palast ein Museum werden. Der Anfang ist gemacht, mit einer Kollektion aus trommelnden Hampelmännern, mechanischen Musikautomaten und Pianolas. Seit in einer Kinderserie einige dieser skurrilen Instrumente zu sehen waren, strömen Familien hierher. Denn für Kuriositäten haben wir Tschechen ein Faible. Eine weitere Rarität kann ich mit den beiden herrschaftlichen Schlafzimmern des Palastes bieten: Sie sind durch einen Lichthof getrennt, mit einem geheimen Liebeskorridor verbunden. Mein eigenes Nachtlager habe ich in der Ritterstube eingerichtet, wo mir das Wappen des Adelsgeschlechts Martinic angenehme Träume beschert.

Studiert habe ich Flugzeugbau. Ja, ich wollte schon immer hoch hinaus, als Palastbesitzer fühle ich mich jetzt wie ein englischer Lord. Also halte ich mich auch dementsprechend bei guter Laune. Mit Tangoabenden im großen Festsaal zum Beispiel, und häufig fahre ich Panzer.

Mit Inéz und James Cusumano, 39 und 67, haben sich eine smarte Harvard-Absolventin und ein amerikanischer Millionär verbunden. So erfüllte sich eine wendebeflügelte Frau den lang gehegten Traum vom eigenen Schloss – und fand dabei noch ihren Prinzen.

MEIN AUSSERGEWÖHNLICHES SCHICKSAL begann vielleicht schon mit meinem Vornamen Inéz. Gut möglich, dass ich die einzige Slowakin bin, die so heißt. Das verdanke ich meiner Mutter. Nur eine einfache Krankenschwester, aber sie besaß viel Fantasie. Die habe ich von ihr geerbt. Mein Glück ist zudem, dass ich in die postkommunistische Zeit hineinwachsen durfte. Nach einem Wirtschaftsstudium in Prag konnte ich gleich in die Welt hinaus. Alle meine Kommilitonen wollten nach Amerika, mich zog es nach Japan. Dem Praktikum in Fukuoka folgten ein Harvard-Diplom, Projekte wie das erste Luxuseinkaufszentrum im Prager Stadtteil Vinohrady – und schließlich der Preis für die „Beste Immobilie der Republik", den ich als Expertin für historische Bauten gewann. Und während all das passierte, träumte ich von einem Schloss. Lange habe ich danach gesucht, bis mich mein Bauchgefühl nach Mcely, nordöstlich von Prag, lotste. Dort entdeckte ich einen ehemaligen Besitz der Familie Thurn & Taxis, ein Jagdschlösschen mit fünf Hektar Land, völlig heruntergekommen. Während der Hausbesichtigung glaubte ich Stimmen, sogar ein Klavierspiel zu hören, obwohl nirgends ein Klavier stand.

Der Rest ist noch verrückter: Bei einem Besuch in Los Angeles stellte mir eine Freundin den Witwer Cusumano vor, 1,90 Meter groß, Filmproduzent und Aufsichtsrat eines Pharmakonzerns. Ich habe ihm von einem exotischen Land namens Tschechien vorgeschwärmt, von einem verwunschenen Schloss erzählt. Sechs Tage nach meiner Abreise flog er mir nach. Wir wagten das Abenteuer, haben geheiratet und die Ruine als Schlosshotel wie Phoenix aus der Asche auferstehen lassen: 24 Gästezimmer – und für uns eine romantische Wohnung im Turm. ■

INFO

▶ HINTERGRUND

Der erbitterte Streit um Tschechiens erste Adressen

HERAUSRAGEND IN DER EUROPÄISCHEN GESCHICHTE ist die Restitution der tschechischen Adelsbesitztümer nach der Wende. Mit Rückgabe der Schlösser, Ländereien und Wälder an die Erben der ursprünglichen Eigentümer wurden die Räder der Zeit in Tschechien zurückgedreht.

FÜR DIE KOMMUNISTEN waren sie „Blutsauger"; adelige Familien mit klingenden Namen wie Colloredo-Mansfeld, Lobkowicz, Sternberg oder Des Fours-Walderode wurden nach der kommunistischen Machtübernahme 1948 von Geachteten zu Geächteten degradiert. Wer nicht ins Ausland floh, blieb als „Klassenfeind", durfte nicht studieren oder musste zwangsarbeiten. Das gesamte Vermögen jener einst privilegierten Schicht fiel an den Staat. Noch um die Wende zum 20. Jahrhundert hatten rund 300 Adelshäuser über ein Drittel der böhmischen Ländereien geherrscht. Allein die Schwarzenbergs bewohnten 22 Schlösser, die Familie Lobkowicz besaß mindestens zehn. Ein fürstliches Leben, das mit dem Zweiten Weltkrieg jäh endete. Die Besetzung durch Hitler-Deutschland, das Güter unter Zwangsverwaltung stellte, die Nachkriegsjahre und schließlich das kommunistische Regime änderten die Besitzverhältnisse grundlegend. Viele Herrenhäuser standen leer, verfielen im Zeitraffer, die Parkettböden aufgerissen, der Stuck von den Decken geschlagen, Parks zugeschüttet mit Beton. Gegen den Niedergang konnten sich die Aristokraten vom Exil aus nicht wehren – sie mischten sich unter das europäische Bürgertum und arbeiteten als Banker, Landwirte oder Computerexperten. Einige, etwa der spätere Außenminister Karel Schwarzenberg, unterstützten Dissidenten wie Václav Havel. Erst die samtene Revolution brachte die Wende: Ab 1991 beschloss die junge Prager Republik die Restitutionsgesetze. Vom kleinen Garten über das Einfamilienhaus bis zum Stadtpalast – die Parlamentarier wollten altes Unrecht tilgen und Eigentum quer durch alle Gesellschaftsschichten zurückerstatten. Dies galt allerdings nur für Besitztümer, die 1948 und danach konfisziert worden waren. Restitutionsberechtigt? Nur Tschechen. Doch nicht alle erhielten einen Rückgabebescheid. Bis heute wird vor vielen Gerichten gestritten.

Auch Autor **Thomas Veszelits**, 62, lebt an erlesener Adresse: in der Münchner Kafkastraße. 1968 nahm der gebürtige Prager (im Bild rechts) sein Lieblingsbuch „Böhmische Burgen und Schlösser" mit ins Exil. Dass er in seiner alten Heimat wieder einem böhmischen Adeligen wie William Lobkovicz begegnen würde, davon träumte er nicht einmal. Genauso wie keiner der Enteigneten einst glaubte, sein Schloss jemals zurückzuerhalten.

Böhmen mit Plan und Wagen

FOTOS ¬ **CIRA MORO** TEXT ¬ **STEFAN SCHEYTT**

Ein Pferd, eine Kutsche – mehr bedarf es für Roma-Romantik nicht. Immer im Schritt geht es durch die böhmischen Dörfer östlich von Budweis, wo es vor allem von einem genug gibt: Ruhe. Für GEO Special nahm eine Stadtfamilie sieben Tage lang den »Bohemia-Express«

Hält auch in der Rushhour unweit von Jindřichův Hradec kaltblütig Kurs: Pferd Mazik. Familie Scheytt sitzt im anderen Wagen, der Fantomas heißt

1

DAS PFERD HEISST FANNY, aber unsere Tochter Rose, drei Jahre alt, ruft es eine Woche lang hartnäckig nur Pfanny. Vielleicht muss man das als kleinkindlichen Versuch deuten, dem Tier durch etwas Bekanntes seine Bedrohlichkeit zu nehmen. Denn Fanny ist ein Riese von einem Pferd. Bis zu ihren Ohrenspitzen misst sie 2,19 Meter, und sie wiegt nicht weniger als 1050 Kilogramm, mit Geschirr so viel wie ein VW Polo. Oder 78-mal so viel wie Rose, die fast aufrecht unter ihr hindurchgehen kann, aber manchmal „Pferdchen" flüstert, wenn sie versunken über Fannys fingerdicke Adern am Bauch streicht.

Fanny ist eine schwere bayerische Norikerstute und an Gutmütigkeit nicht zu überbieten. Außerdem hat sie das, was man einen Brauereigaularsch nennt. Der Blick über Fannys mächtiges Hinterteil hinweg ist unsere Perspektive auf Südböhmen: Eine Woche lang zieht uns die Stute im Planwagen durch die Natur und die Dörfer nahe der tschechisch-österreichischen Grenze, 40 Kilometer östlich von Budweis, wo Fanny früher als Therapiepferd diente.

Wir stehen mit ihr auf dem Hof, im Abstand von zehn Minuten sind vor uns schon fünf Planwagen zur ersten Tagestour aufgebrochen. Fanny ist zwar die Herdenchefin, doch als Langsamste würde sie, an der Spitze, den Treck nur ausbremsen;

1) »Es kann nichts passieren«, versichert Elisabeth Gnädinger, die Frau mit Hut. Ihre Kaltblüter haben schon Dutzende von Stadtfamilien sicher ans abendliche Lagerfeuer gebracht. Pferdelaien wie Mutter Angela, die Zwillinge Lou und Willy, Vater Stefan Scheytt und Tochter Rose sind sie gewohnt. 2) Den Weg durch Dörfer wie Dolní Radouň kennen sie genau. 3) Rose zu Ross

der Abstand zwischen den Wagen soll so groß sein, dass sich die Pferde nicht sehen und hören – „sie würden versuchen, zueinander aufzuschließen, sich zu überholen", sagt Herbert Gnädinger, Fannys Besitzer. Gerade hat er auch erklärt, „wenn ein Zugpferd erst angeschirrt ist, will es los", was bei Fanny offensichtlich anders ist. Sie ist angeschirrt – und will trotzdem nicht vom Fleck. Erst klatschen ihre Äpfel in den Staub. Und die Kinder lachen. Es ist Fannys tägliches Aufbruchritual. Dann hebt jener Sound an, der uns die nächsten Tage begleiten wird wie der Schatten unseres Planwagens; es ist ein Mehrklang aus Hufgeklapper, rasselnden Ketten, aus Quietschgeräuschen des Wagens und reibenden Geschirrgurten, alles stets im Rhythmus von Fannys Gang.

Und über diesem Geräuschteppich liegt die Melodie unserer pausenlosen Schreie und Rufe, wie uns Elisabeth Gnädinger, Herberts Frau, bei der Einweisung geheißen hat: „Redet so viel wie möglich mit den Pferden." So rufen zwei Erwachsene und drei Kinder fortwährend „Hot!" und „Dschehi!", was rechts und links heißt, aber manchmal auch das Gegenteil bedeuten soll; fünf Menschen schreien „Jää!", damit Fanny anzieht, und machen „Brrr!", damit sie anhält, irgendeiner ruft immer „braves Maidli!", wie es Herbert und Elisabeth Gnädinger, zwei Schweizer in Tschechien, vorgemacht haben.

Bei jedem Auto, das uns überholt, rufen alle wie aufgetragen „Auto, Fanny!", „rotes Auto!", „gelbes Auto!", „großes Auto!", „schnelles Auto!", und meine Frau verwechselt wieder links und rechts. Wie kaltblütig Fanny in dieser Kakophonie Kurs hält, ist uns ein Wunder.

ES GEHT LANGSAM VORAN im Bohemia-Express, das Tempo ist tatsächlich so, dass man die Blumen am Wegesrand zählen kann; manchmal scheint es sogar, als trotte Fanny im Schlaf. Südböhmen in Slow Motion: Im Schritttempo passieren wir Weizenfelder, Karpfenteiche und gruslig-schwarze Tümpel, fahren durch dunkle Tannenwälder und über einsame Alleen, Zitronenfalter torkeln eine Weile der gelblichen Plane unseres Wagens hinterher, wir stoßen auf Blindschleichen und Apfelleser jenseits des Straßengrabens, entdecken zwischen den Bäumen einen alten Sessel und das fast vollständige Skelett einer Kuh; die Kinder laufen nebenher, üben Auf- und Abspringen, und im Familienchor summen wir die „Winnetou"-Filmmelodie zum Takt von Fannys Schritten.

Den Weg zu finden, ist kinderleicht: Kleine Schilder an den Weggabelungen lassen kaum Zweifel aufkommen; wenn doch, weisen Pferdeäpfel und Fanny den Weg. Wir fahren durch Dör- →

Immer den Nüstern nach. Pferd Fanny hat das, was man einen Brauereigaularsch nennt, und sie liebt Begleitung – weshalb die zehnjährige Lou auch mal auf Schusters Rappen umsteigt

1) Planwagenerfüllung: eine glückliche Familie, zwei Etagenbetten plus drei Schlafmöglichkeiten in einem Doppelbett, das sich mit wenigen Handgriffen aus dem Frühstückstisch zaubern lässt. 2) Flusspferde im Velký hroch, zu Deutsch: »Großes Flusspferd«. 3) Der Beweis: Im Bohemia-Express galoppieren Tiere mit Mähne und Schweif bei jedem durch den Traum. 4) Meinungsverschiedenheit am Tag. In der Hauptrolle: Fanny

fer, die Lovětín, Dolní Radouň und Horní Skrýchov heißen. Man sieht noch die vergangene sozialistische Zeit, die geduckten kleinen Häuschen mit dem graubraunen Putz und den vielen Anbauten hier und dort, Schuppen, wilde Halden aus Holz und verrostete Gerätschaften; und daneben frischer Putz und neue Mauern, gepflasterte Hofeinfahrten mit Automarken aus dem Westen und üppige Blumengärten. Manchmal zeigen sich ein Mann beim Holzhacken, eine Frau bei der Gartenarbeit, manchmal schaut ein Kind hinter einer Mauer hervor, bewegt sich ein Vorhang. Oft aber sind unsere „Fanny"-Rufe und ein bellender Hund die einzigen Laute im Ort.

Ereignislos ist das Kutscherleben aber keineswegs, schon gar nicht für Laien wie uns, die zuvor noch nie auf einem Kutschbock saßen: vor sich einen 1-PS-Eintonner, unter sich einen ebenfalls tonnenschweren Planwagen, hinter oder neben sich den Rest der Familie. Wenn Fanny trabt, steigt unser Puls, wissend, dass sie keine Rückspiegel hat und kein Gefühl für Kurvenradien, aber ein sanguinisches Gemüt wie alle Pferde. „Eine Plastiktüte im Wind, ein neu gepflanztes Verkehrsschild, eine Kreidezeichnung am Boden können die Tiere schon erschrecken", hatte Herbert Gnädinger gewarnt.

Doch jetzt ist Fanny wegen etwas anderem nervös: Bauarbeiter haben den Asphalt von der Straße gehobelt, und Fanny mag die frische Hobelkante nicht, auf der ihre Hufe kippeln; mal zieht sie nach links auf die Gegenspur, mal nach rechts Richtung Graben. Ein anderes Mal soll sie stehen bleiben, unser Sohn Willy hat sich in die Büsche geschlagen, wir wollen auf ihn warten. Aber dann spitzt Fanny die Ohren. Ist es der Wind in den Pappeln? Die Motorsäge, irgendwo tief im Wald? Ich brülle „Brrrrrrrrr", stehe auf dem Kutschbock, in die Zügel verkrampft, als kämpfte ich mit einem wilden Tier, aber Fanny zieht einfach los, obwohl mein Fuß auf der Bremse steht, sie zieht den Wagen einfach vom Fleck. Am Morgen war sie auf einer abschüssigen Stelle zum ersten Mal in leichten Trab verfallen, ganz kurz nur, keine 200 Meter, aber ich ahnte, wie viel Kraft in ihr stecken könnte. Jetzt spüre ich es. Und bekomme Angst: Was, wenn sie in Panik losgaloppiert? Dagegenhalten? Die Familie aus dem fahrenden Wagen evakuieren? Dreimal zieht Fanny den gebremsten Wagen scharf an, bevor sie sich zügeln lässt. „Braves Maidli", stöhnen wir erleichtert im Chor.

DAS FEUER IM CAMP PRASSELT, und Herbert Gnädinger grinst und lacht und streicht sich durch die buschigen Koteletten. Nach sieben Sommern mit Planwagentouristen kennt er solche Geschichten zuhauf. Und erzählt, während er, wie seine Gäste, am Budweiser Bier zieht, vom Missgeschick einer Familie, die mit ihrem Gefährt in den Brombeeren gelandet war. „Sie hatten ein Handy, konnten aber nicht sagen, wo sie waren. Stunden später fanden wir sie schließlich und konnten den Wagen aus den Dornen ziehen."

Längst haben sich die Kinder von der Feuerstelle und den Erwachsenengesprächen davongestohlen, wie Schatten flitzen sie durch die Nacht, zu den Pferden, auf die Heuballen im Stall, zwischen die Planwagen; jetzt stehen sie unten am halb abgelassenen Karpfenteich und halten Rat. Am nächsten Tag werden sie wie eine Herde Pferde quer durch den Teich galoppieren, bis zur Hüfte im schlammigen Wasser, und mit wohligem Ekel die glitschigen Karpfen berühren.

Am Feuer erzählt Stefan, ein Familienvater aus dem bayerischen Günzburg, von seinem Morgenspaziergang um den See und wie im Frühnebel ein Fischotter seinen Weg kreuzte:

4

„Direkt vor meinen Füßen, einfach so. Fischotter und Nordlicht – das wollte ich einmal im Leben sehen, jetzt kann ich fast schon heimfahren.“ „Bleib besser da“, widerspricht Herbert Gnädinger, „mit ein bisschen Glück kannst du noch mehr sehen: Seeadler, Mufflons, Störche, Eisvögel, Fasane. Südböhmen, das ist Natur pur.“

Deswegen sind sie hier, Herbert und Elisabeth Gnädinger, dieses filmreife Pärchen, beide Ende 50, beide klein und bezopft und mit hochgeschlagener Hutkrempe, beide fast unablässig quarzend. Sie trägt Schottenröckchen, T-Shirt im Leopardenmuster und ein tätowiertes Teufelchen im Dekolleté; er, gelernter Bierbrauer, Wikinger-Tattoo am Arm, zeigt sich am liebsten mit zerschlissenen Schuhen und Harley-Davidson-Hemd. In ihrem alten Leben hatten die Gnädingers eine kleine Textilfabrik bei Lugano, die Söhne spielten Eishockey, und einer wollte schon mit elf Jahren nach Tschechien, dorthin, wo große Eishockey-Profikarrieren beginnen. Zuerst begleiteten die Eltern ihren Sohn zu Trainingslagern, dann – die Fabrik war verkauft – folgten sie ihm ganz nach Tschechien. Jetzt leben sie ihren Traum vom Leben ohne Druck und Stress. „Mehr als sechs Planwagen wollten wir nie haben, sonst könnten wir jetzt nicht mit euch hier sitzen“, sagt Herbert und schickt ein deutliches „Oder?“ mit fünf Fragezeichen hinterher. Im Feuer fällt die Asche zusammen, im Dunkel hört man →

die schnaubenden Pferde auf der Koppel. Die Geräusche ihrer mahlenden Kiefer dringen noch zu uns, als wir längst im Wagen in unseren Betten liegen – der Nachtwind trägt sie durch die Ritzen der Planen.

In ihrer Wahlheimat haben die Gnädingers sogar einen Stammtisch. Er steht in einem namenlosen Dorfrestaurant in Lodhéřov, nur wenige Kilometer vom Hauptcamp entfernt. Das Lokal hat den Charme einer Bahnhofshalle, viele kahle Wände, kaltes Licht, Fliesen am Boden, der Rauch hängt in den Vorhängen und in den roten Polstern. Hier, unter einem riesengroßen Foto von Fanny, sitzen Herbert und Elisabeth Gnädinger regelmäßig, manchmal sind ihre Kinder und die Oma dabei, und während der Pferdewagensaison bringen die Gnädingers donnerstags ihre Gäste mit, damit sie „die tschechische Küche genießen, zu einheimischen Preisen". Herbert Gnädinger erhebt sich vom Stuhl, nimmt kurz seinen Hut vom Kopf und gibt das Einheitsessen bekannt, das der Wirt im Adidas-T-Shirt schon durch die Küchentür trägt: „Es gibt Schweinegulasch mit Kraut und Semmelknödel. Und zum Nachtisch Palatschinken." Für nur vier Euro. In der gegenüberliegenden Ecke der Gaststube sitzt Ladia, einer von Gnädingers Pferdewirten, der nie etwas sagt und auch hier lieber allein vor sich hin trinkt und raucht. Zu den Palatschinken kommt auch noch Jana vorbei, die andere Pferdewirtin, eine junge Frau mit John-Wayne-Lächeln und breitbeinigem Gang. Sie trägt ihre beste Lederhose und eine Westernkrawatte und erzählt, dass sie am Nachmittag eine Stute erworben hat.

DANN BEGINNT UNSER LETZTER TAG im Bohemia-Express, der Tag einer kleinen Selbstinszenierung, bei der die Gnädingers ihre Gäste zum Baden in einem nahen See einladen, mit Fanny und Ali und Theresa und Zita und Silka. Ohne Sattel. Wer mag, geht so tief, bis die Pferde unter ihm schwimmen. Herbert und Elisabeth sind in ihrem hochzeitsweißen Pontiac Grand Ville Cabrio, Baujahr 73, vorgefahren, der Wagen parkt unter einem Baum mit wilden, orangefarbenen Mirabellen. In immer neuen Runden führen die Reiter die Tiere in den See, kehren zurück, preschen wieder ins Wasser, immer weiter hinein, immer mutiger.

Die Gnädingers lehnen an der mächtigen Motorhaube des Cabrios und verfolgen das Treiben, der Wind weht durch ihre Pferdeschwänze. Es liegt Stolz in ihren Gesichtern. Stolz darauf, dass sie ihr Glück gefunden haben. Nicht das große, glitzernde, aufregende Glück. Sondern jenes, bei dem es nach Pferd riecht und Natur, nach einem Stückchen Freiheit und nach frischer Luft. ■

1) Lager mit Feuer: Im Hauptcamp Lodhéřov ist Gelegenheit, die Missgeschicke des Tages zum Besten zu geben: »Brrrrrr, haben wir gerufen. Und trotzdem ist Fanny losgerannt! Die Familie also aus dem fahrenden Wagen evakuieren?« 2) Doch irgendwann legt sich selbst bei den Zwillingen die Aufregung. Schließlich bringen Hufeisen in brenzligen Situationen Glück

1

2

Das Glück dieser Erde, die Schweizer Elisabeth und Herbert Gnädinger haben es sichtlich gefunden. Im wilden Westen von Südböhmen

INFO

▶ AKTIVURLAUB

Ferien mit Wagen, Rad und Boot

Planwagen

Elisabeth und **Herbert Gnädinger** *(Tel. 00420-728 310 615, www.zigeunerwagenferien.com)* haben von April bis Oktober Saison. Dann empfangen sie in ihrem Hauptcamp, das mit Stall, Grillplatz, Sanitäranlagen und Tischfußball-Platte in **Lodhéřov** liegt, wenige Kilometer vom Städtchen **Jindřichův Hradec** entfernt. Woche mit Pferd und Wagen ab 520 €. Das Ehepaar Gnädinger oder einer der Pferdewirte ist immer dabei, um beim An- und Abschirren zu helfen. Am ersten Tag sitzen sie auf Wunsch zur Einweisung auch mit auf dem Kutschbock. Die fünf Tagesetappen sind zwischen 9 und 18 Kilometer lang (maximal fünf Stunden) und führen meist über kaum befahrene, asphaltierte Sträßchen. Zwei Etappen enden abends im Hauptcamp, bei den anderen sind Koppeln das Nachtlager. Toiletten, Wasser, Brennholz, Campingstühle und Kraftfutter karren die Gnädingers heran, außerdem Bänder zum Abzäunen der Wagen, an denen sonst die Pferde knabbern. Die Planwagen sind mit Gasherd und Spüle ausgestattet und bieten Platz für vier Personen. In zwei großen Tipis im Hauptcamp gibt es zusätzliche Übernachtungsmöglichkeiten. Bitte Fanny von Rose grüßen!

Rad

Vom Vierbeiner zum Zweirad: Für ausgedehnte Radtouren ist der Böhmerwald ideal. In weiten Teilen als Nationalpark eingestuft, dürfen Autos in **Šumava** (so der tschechische Name) abseits der Hauptstraßen nicht fahren. Die lohnendste Route führt vom deutsch-tschechischen Grenzort **Železná Ruda** über mehr als 160 Kilometer nach **Vyšší Brod**, einmal quer durch den Park und entlang des imposanten **Lipno-Stausees**: Radweg 33, durchgängig beschildert als **cyklotrasa 33**. Wer nur ein Teilstück radeln möchte, sollte in **Srní** starten, dem früheren Rehberg. Machen Sie von **Kvilda** aus den Sechs-Kilometer-Abstecher zur Quelle der Moldau. Außerdem sehenswert: **Vimperk** mit seiner Burg (Kilometer 40) und **Prachatice**, ein Ort mit denkmalgeschützten Altstadtgassen (Kilometer 57). Trotz der guten Ausschilderung: detaillierte Radwanderkarte einpacken. Bewährte Karten, die Sie in jeder Buchhandlung erhalten, gibt der **Klub českých turistů** heraus, eine Art nationaler Outdoor-Verein.

Hausboot

Ursprünglich sollte er Donau und Oder verbinden, der **Baťa-Kanal** im mährischen Hinterland. In den 1930er Jahren gegraben, benannt nach dem Schuhfabrikanten Baťa, der im angrenzenden **Zlín** sein Imperium aufgebaut hat, gehört er heute ganz den Hausbooten – als einzige Wasserstraße im Land. 60 Kilometer lang ist sein schiffbarer Abschnitt, er führt abwechselnd durch das natürliche Bett der Morava und den künstlich geschaffenen Kanal. Wer mit dem *hausbót* auf Tour gehen möchte, benötigt dafür keinen speziellen Führerschein. In den Orten **Staré Město**, **Uherské Hradiště** und **Spytihněv** stehen drei größere Bootsverleiher zur Verfügung: Schiffe für rund 200 € pro Wochenende. Auf ausländische Touristen ist man allerdings kaum eingestellt: Die Internetseiten der Verleiher gibt es nur in tschechischer Sprache: *www.pujcovnalodi.cz*, *www.lode-hausboty.cz* und *www.pobytovelode.cz*. Informationen auf Englisch: *www.batacanal.cz*.

Kanu

Die **Sázava** mit ihren wildromantischen Felsen hat sich zu einem der beliebtesten Wassersport-Reviere Tschechiens entwickelt: *www.posazavi.com*. Keine Angst vor Untiefen! Die Kanus, die Sie entlang des Flusses ausleihen können, sind aus hartem Kunststoff; selbst unsanfter Bodenkontakt und ungebremste Landemanöver machen nichts aus. Bester Ausgangspunkt: **Týnec nad Sázavou**, gute 30 Kilometer von Prag entfernt. Kanus verleiht **Bisport**: *Tel. 00420-317 701 460, www.bisport.cz*. Wer über mehrere Tage unterwegs sein will, sollte auf der Moldau fahren. Als Wassersportzentrum dort hat sich **Český Krumlov** etabliert – so sehr, dass Sie in der Hochsaison mit Ihrem Kanu vor einigen Wehren im Stau stehen. Einige Kilometer hinter der Stadt haben Sie die Moldau aber wieder ganz für sich. Die Bootsverleiher **Ingetour** und **Maleček** halten Sie sogar mit deutschsprachigen Internetseiten über Wasser: *www.ingetour.cz* und *www.malecek.cz*.

Autor **Stefan Scheytt**, 46, hatte anfänglich Angst, Fanny im Geschirr übernachten lassen zu müssen. Das An- und Abschirren erschien ihm wie eine Geheimwissenschaft. Vor der komplizierten Prozedur am Pferd drückte er sich regelmäßig – sehr zur Freude von Fotografin **Cira Moro**, 53, und Tochter Lou.

Die Jägerin des verlorenen Schatzes

Sie sammelte, was einst nicht besessen werden durfte: Bücher des Untergrundes, Glanzwerke von Kafka bis Kisch. Bis sie die weltweit umfassendste Privatsammlung beisammenhatte. Dann verschenkte Katherina Holzheuer ihren Schatz an das Literaturhaus deutschsprachiger Autoren. Eine Enthusiastin, wie sie im Buche steht

FOTO ¬ **MARTIN KOLLÁR** TEXT ¬ **KILIAN KIRCHGESSNER**

Notfalls aß sie »nur Bratkartoffeln«, um sich ein Buch leisten zu können: Katherina Holzheuer im Hof ihres Literaturhauses

UNAUFHÖRLICH QUIETSCHEN DIE STRASSENBAHNEN auf der Ječná im alten Prager Zentrum, aber wenn Katherina Holzheuer die vier Meter hohen Holztore zum Hof hinter sich zuschlägt, sperrt sie alles aus, den Lärm und das Gehetze. Im Hof spendet eine Kastanie Schatten, ringsum ragen verwitterte Fassaden auf, und Katherina Holzheuer findet: Hier ist ihr Schatz gut aufgehoben.

Holzheuer ist eine zurückhaltende Dame von 68 Jahren, ihr Haar streng gescheitelt, ihr Auftreten kontrolliert bis in die kleinste Bewegung. „Eines Tages", sagt sie und schreitet durch den Hof, „musste ich mir überlegen, was mit meinem Schatz passieren soll." Das war der Moment, in dem Lenka Reinerová ins Spiel kam.

Lenka Reinerová: Letzte deutschsprachige Autorin Prags wurde sie genannt, die Trägerin von Goethe-Medaille und Schiller-Ring, Prager Ehrenbürgerschaft, Bundesverdienstkreuz; späte Sympathiebekundungen, die Reinerová wie warmen Regen auf sich prasseln ließ. Als junge Frau hatte sie in einer Mansardenwohnung gegenüber von Egon Erwin Kisch gewohnt, hatte mit Franz Carl Weiskopf und Anna Seghers gearbeitet, die Rezension ihres frühen Bühnenstücks hatte Max Brod verfasst.

Bis 2008 saß Lenka Reinerová in ihrer Wohnung an einer der Prager Ausfallstraßen, der graue Wollbezug ihres Sessels fluste, und sie, die fragile Person, sank so weit in die erschlafften Polster ein, dass sie ihre Ellenbogen nach oben recken musste, um die Armlehnen zu erreichen. Das war ihr Platz, und hier kam sie auch auf die Idee mit dem Literaturhaus. Es sollte ihr Vermächtnis werden: eine Einrichtung, in der die Werke ihrer einstigen Jugendfreunde unterkämen, in der die deutschsprachige Literatur aus Tschechien bewahrt werden würde für die nächsten Generationen. Als sie das träumte, war Lenka Reinerová schon fast 90 Jahre alt.

Und zum Glück klingelte eines Tages ihr Telefon, einer dieser alten Apparate mit Wählscheibe, und es meldete sich eine Fremde, Katherina Holzheuer mit Namen. Sie rief aus Deutschland an, 400 Kilometer weit entfernt von Reinerovás Sessel. So fanden sie zueinander: die kämpferische, zähe Lenka Reinerová, die in Prag groß geworden war und hier jeden Stein kannte, und die Bibliothekarin Katherina Holzheuer, die Sammlerin aus Deutschland.

Für die Deutsche war die Literatur der Tschechoslowakei am Anfang nicht mehr als eine Sammlung staubiger Bücher. Sie lagerten in der Ecke eines fensterlosen Raumes, aufgeschichtet auf Paletten. Es war das Jahr 1965, und Katherina Holzheuer hatte gerade ihre erste Stelle in einem Münchner Antiquariat angetreten. Ihr Chef schickte sie ins Lager zu den Büchern aus Prag. Irgendwo in der kommunistischen Hierarchie gab es eine Exportabteilung →

Die Helden jener Blütezeit, in der es in Prag brodelte, kafkate und kischte. Von oben: Franz Werfel (1890–1945), Max Brod (1884–1968), Rainer Maria Rilke (1875–1926), Egon Erwin Kisch (1885–1948) und Franz Kafka (1883–1924)

für Literatur, „exportní středisko“. Diese brachte, gegen Devisen, ausgewählte Titel ins Ausland, um die sich im Westen vor allem Bibliothekare rissen.

Holzheuer nahm jedes Buch einzeln vom Stapel, setzte sich vor die Schreibmaschine und begann, die Werke Stück für Stück zu erfassen. Name des Autors, Titel des Buches, Erscheinungsjahr, Verlag. Stockfleckig, Gebrauchsspuren am Einband, getrennte Paginierung, das ganze Bibliothekarslatein. Auf ihrem Schreibtisch landeten sämtliche tschechischen Titel, und wenn nicht der Duft der weiten Welt an ihnen gehaftet hätte, die Arbeit wäre Katherina Holzheuer schnell monoton geworden.

Dann kam der Tag, der ihr Leben verändern sollte. Ihr Chef sandte sie nach Prag; sie sollte Kontakte knüpfen zu jenen, die Bücher verkauften, die Zugang hatten zu antiken Bänden, die Exportgenehmigungen ausstellten. Damals war Prag eine Stadt, die sich dem Fremden nicht erschloss, in der Dienstwege im Nichts enden konnten und Fragesteller an Türen klopfen mussten, die sich nie öffnen würden. Es war ein Prag wie aus Kafkas Albträumen.

FÜR KATHERINA HOLZHEUER ABER, damals 25 Jahre alt, war es Liebe auf den ersten Blick. Sie stand an der Karlsbrücke, und ein paar Schritte entfernt vom Altstädter Brückenturm lag ein Antiquariat. Ein alter Mann wachte darin über Bücher, die sich bis zur Decke türmten, aber vor allem wachte er über den Eingang zu einem Hinterzimmer. „Es gibt genau drei Kategorien von tschechischer Literatur“, sagte er zu der Fremden, als beide allein im Laden waren. „Die erste Kategorie siehst du hier, das sind die Bücher, die für den Verkauf freigegeben sind.“ Der Antiquar ging zum Regal und griff hinein, er erwischte einen Julius Fučík, den Lieblingsdichter der kommunistischen Führung. „Die zweite Katgorie sind offiziell für den Export freigegebene Titel, die führen wir nicht.“ Der Antiquar bedeutete Holzheuer ihm zu folgen. „Und das“, sagte er und trat in das Hinterzimmer, „das ist die dritte Kategorie.“

Es war ein faszinierendes Kabinett, das sich da im Halbdunkel auftat. Auf den Buchrücken las Holzheuer tschechische Namen: Pavel Kohout, Jiří Gruša, Ludvík Vaculík, die gesamte Riege des intellektuellen Widerstands. Und gleich daneben ein Regal, in dem ihr die Namen bekannter vorkamen: Max Brod, Franz Werfel, Rainer Maria Rilke, die deutschsprachigen Autoren, die in Böhmen und Mähren gelebt hatten und jetzt im Giftschrank versammelt waren. Niemand sollte sie lesen, sollte nach Holocaust und Okkupation auf die deutschsprachige Vergangenheit des Landes gestoßen werden. Katherina Holzheuer aber las – und staunte, wie wenig sie bisher von diesem Land und seinen Problemen gehört hatte. Es war der Tag, an dem aus der Bibliothekarin eine Bibliophile wurde, eine Sammlerin, mehr noch: eine Besessene.

„Wenn diese Bücher schon in ihrem Heimatland nicht in öffentlichen Regalen stehen durften, dann wollte wenigstens ich zusammenführen, was zusammengehört“, sagt sie. Sie, die Frau aus dem Westen, würde ein Exil aufbauen für die verbannten Werke aus der Tschechoslowakei; gleichsam ein Hotel, in dem jeder Autor seine Unterkunft finden würde. Ein vermessener Plan, und vermutlich hätte Katherina Holzheuer ihn gar nicht gefasst, wenn sie schon geahnt hätte, wohin er sie führen würde.

HOLZHEUER STÜRZTE SICH IN DIE SAMMLUNG, deren Sujet immer weiter wuchs, je tiefer sie in die Geschichte eintauchte. Allein die deutschsprachige Literatur Böhmens und Mährens aus dem 19. Jahrhundert – eine unermessliche Fülle. Ihre Sammlung war ein Kampf gegen die Zeit, gegen das Vergessen; gegen einen starken Widersacher. Die Kommunisten jagten jedem einzelnen Buch hinterher, sie warfen die Titel aus den Bibliotheken, sie nahmen sie aus dem Verkauf. Es waren Erzählungen wie jene von Adalbert Stifter: „Da ruhen die breiten Waldesrücken und steigen lieblich schwarzblau dämmernd ab gegen den Silberblick der Moldau. Es wohnet unsäglich viel Liebes und Wehmüthiges in diesem Anblicke.“ Politisch harmlose Zeilen, weit entfernt von der Hintersinnigkeit eines Franz Kafka, aber eben aus deutscher Feder.

Schicht für Schicht drang Holzheuer tiefer in die Tschechoslowakei vor, jeden Monat zweigte sie ein paar Mark von ihrem Bibliothekarsgehalt für das Sammeln ab. In den Büchern las sie die Biografien der Autoren: Sie las von den deutschsprachigen Bergbauern aus dem Böhmerwald, die in kargen Hütten lebten, aber ergreifende Verse auf die Schönheit der Landschaft dichteten. Sie las über das Zusammenleben von Deutschen und Tschechen, das zu tiefen Freundschaften führte, aber auch zum Gegenteil. Und sie las Lobeshymnen auf den Nationalsozialismus, der sich unter den Sudetendeutschen einst unaufhaltsam ausgebreitet hatte.

Wie anders klangen da die Werke der Prager Intellektuellen! Die meisten von ihnen stammten aus jüdischen Familien, und zu Beginn des 20. Jahrhunderts hatten sie von eleganten Kaffeehaustischen aus die Welt verbessern wollen: Egon Erwin Kisch, der rasende Reporter, Vorbild für Generationen nachfolgender Journalisten. Max Brod und Franz Werfel, Rainer Maria Rilke und all die anderen, die sich im Glanze ihres herrlichen Prags sonnten. Einer Stadt, in der Tschechen, Juden und Deutsche um die kulturelle Hoheit wetteiferten; es herrschte genau jenes Vergleichen und Konkurrieren, das der böhmischen Literatur zu ihrer Blüte verhalf. Es war auch die Zeit, in der Alfons Mucha den Jugendstil neu erfand, in der Emil Filla und Josef Čapek den tschechischen Kubismus zu einem Weltereignis für Eingeweihte machten. Sie lasen und schrieben, sie kritisierten und debattierten, und die Feuilletons von „Prager Tagblatt" und der deutschen Zeitung „Bohemia" waren gespickt mit Polemiken. Nie war Prag goldener gewesen als in diesen Jahren.

Katherina Holzheuer musste mühsam nach den Trümmern suchen aus jener Zeit. Bei allen einschlägigen Antiquariaten stand sie auf der Interessentenliste, sie erhielt Offerten aus Deutschland, aus Holland, und zwischendurch graste sie in der Tschechoslowakei ihre sorgsam gepflegten Kontakte ab. „Erst fängt so etwas harmlos an", sagt sie, „und dann steigert es sich zur Sucht."

Die Kafkas, Brods und Werfels hatte sie schnell komplett, aber wie sammelt man Autoren, die beinahe vergessen sind? Die Franz Fühmann heißen, Victor Hadwiger und Paul Kornfeld? „Eine Lektüre führt zur nächsten", sagt Katherina Holzheuer so, als könne das alles erklären. Das aber machte den Reiz des Sammelns für sie aus: nicht nur das Zusammentragen, das Besitzen, sondern vor allem das Suchen, das Forschen, das Entdecken. Und jeder Band, den sie in ihrer Detektivarbeit auftrieb, wurde zum Triumph. Sie hatte sich ein weiteres Buch gesichert, das es nach dem Willen der tschechoslowakischen Machthaber gar nicht mehr geben sollte.

„Jetzt ist die Sammlung so komplett, dass ich sagen kann: Ich habe mein Ziel erreicht", sagt Katherina Holzheuer. Sie sagt es in ihrer bescheidenen Art, und natürlich erwähnt sie nicht, dass Experten ihre Bibliothek für die umfassendste Privatsammlung böhmischer Literatur halten.

„UND DANN HABE ICH von Lenka Reinerová und ihrem geplanten Literaturhaus der deutschsprachigen Autoren gelesen", sagt Holzheuer. Sie stand in ihrer Wohnung vor den Regalen, schaute auf die Buchrücken. Einen Moment zögerte sie. Dann griff sie zum Telefon und wählte die Nummer von Reinerová in Prag. Die Nummer der einzigen Überlebenden aus jener Autorenriege, deren Werke sie mehrere Jahrzehnte zusammengetragen und in ihrem holzvertäfelten Dachgeschoss versammelt hatte. Katherina Holzheuer entschloss sich, ihre Bücher dem Literaturhaus zu spenden. Sie wurden in Bananenkisten verpackt, nach Prag gebracht und dort über den stillen Hinterhof getragen. Es war der letzte große Wunsch von Lenka Reinerová, der in Erfüllung gegangen ist. Im Juni 2008 ist die Grande Dame gestorben, 92 Jahre alt.

Ihr grauer, flusiger Sessel steht jetzt im Ausstellungsraum des Literaturhauses. Hinter ihm sind die Regale mit der Sammlung von Katherina Holzheuer aufgebaut. Jeder kann in den Büchern lesen. Sie brauchen das Exil nicht mehr.

Er ist zurück in seiner alten Heimat, der Schatz einer glanzvollen Epoche. ■

Lenka Reinerová lesen? Unbedingt, sagt Autor **Kilian Kirchgeßner**: „Närrisches Prag", Aufbau-Verlag, 7,95 €.

Zuletzt war sie eine Legende: Lenka Reinerová. In ihr und nur in ihr überlebte die Prager deutschsprachige Literatur. Mit dem Literaturhaus erfüllte sich ihr größter Wunsch

INFO

▶ WEGE ZUR LITERATUR

Wo die Autoren lebten – und litten

DAS PRAGER LITERATURHAUS DEUTSCHSPRACHIGER AUTOREN *(Ječná 11, Tel. 00420-221 610 244, www.prager-literaturhaus.com)* ist eher ein Häuschen, mit seinen vier Zimmern auf nur einer Etage. Dennoch entfalten sich die großartige Sammlung von Katherina Holzheuer und eine kleine Ausstellung über die deutschen Autoren in ihm. Ausleihen können Sie die Bücher nicht – gleich vor Ort lesen aber schon. Kurze Voranmeldung erbeten.

„Ich sitze im Kaffeehaus, habe etwas Hübsches gelesen, bin wohlauf", schrieb Franz Kafka in einem Brief. Das **Hotel Erzherzog Stephan**, in dem er die Zeilen zu Papier brachte, heißt heute **Evropa** und ist eine reine Touristenadresse am Wenzelsplatz. Trauriger ist es anderen einstigen Künstlertreffs ergangen, die, wie das **Arco**, zu einer Kantine umgebaut oder, wie das **Union**, gleich ganz geschlossen wurden. Ausnahmen bilden das **Louvre** *(Národní 22, im ersten Stock gelegen)*, ein Café, in dem Einheimische wie Touristen gleichermaßen verkehren. Beachten Sie das große Terrarium mit den Schildkröten, kosten Sie die famose heiße Schokolade! Das **Slavia** *(Smetanovo nábřeží 2)* gegenüber dem Nationaltheater ist ebenfalls noch immer einen Besuch wert – schon allein wegen des Blicks über die Moldau. Anhänger von Kafka finden Spuren des Schriftstellers überall in der Stadt. Der Platz vor seinem **Geburtshaus** ist heute nach ihm benannt: **Náměstí Franze Kafky** *(unmittelbar neben dem Altstädter Ring)*. In der Mitte des Wenzelsplatzes thront der einstige Sitz der **Assicurazioni Generali**, bei der Kafka zwischen 1907 und 1908 arbeitete. Eine, wie man seinem späteren Werk entnehmen kann, schreckliche Erfahrung. Die **Kafka-Gesellschaft** unterhält in der Nähe des **Kafka-Denkmals** in der Straße Vězeňská eine gut sortierte **Buchhandlung** *(Široká 14)*, nach deren Besuch Sie sich das **Kafka-Museum** *(Cihelná 2)* sparen können. Intensive Begegnungen mit den literarischen Orten der Stadt bietet **Böhmen-Reisen** *(www.boehmenreisen.de, ab 630 € für acht Tage)*. Andere Rundgänge *(etwa „Prager deutschschreibende Schriftsteller"*, **Kulturwege**, *www.kulturweg.com)* dauern nur zwei Stunden. Die meisten führen auch an der Kneipe **U Kalicha** *(Zum Kelch, Na Bojišti 12–14)* vorbei, in der Jaroslav Hašek seinen braven Soldaten Schwejk die berühmteste Verabredung der Literaturgeschichte treffen ließ: „Nach dem Krieg um halb sechs im Kelch."

DAS QUELL

Auf Naturgewalten gebaut: Tief unter den beschaulich wirkenden Promenaden in Böhmens Bäderdreieck verbirgt sich eine explosive Unterwelt. Wild tost und brodelt dort das Wasser, das der Mensch seit Jahrhunderten zu bändigen sucht

TEXT ¬ TOM DAUER

WERK

Die Neue Kolonnade, eine Marienbader Gusseisen-Preziose. Sie ist 120 Jahre alt – und noch immer so frisch und licht, als sei sie selbst einem Jungbrunnen entstiegen

Braunrot sind alle inkrustierten natürlichen oder künstlichen Körper, welche man absichtlich dem Anspritzen des Sprudels aussetzt, um den Kurgästen ein wundersames Andenken von Karlsbad zu bereiten.

Johann Wolfgang von Goethe,
Sammlung zur Kenntnis der Gebirge von und um Karlsbad, 1807

SEINEN HINTERHOF, SAGT MILAN TRNKA, den müsse man sich ansehen! Der sei viel interessanter als all die Thermalquellen, Kolonnaden und Badeanstalten der Stadt. Schon ist er aufgesprungen. Flink trippelt der Ingenieur der Karlsbader Kurverwaltung das verwinkelte Treppenhaus hinunter und reißt eine Stahltür auf. Er tritt ins Freie und vollführt theatralisch eine halbe Drehung, als präsentiere er eine sorgsam gehütete Kostbarkeit: „Hier", spricht Trnka, „offenbart sich Erdgeschichte!" Und deutet auf eine moosige, feucht glänzende, nicht einmal fünf Meter hohe Felswand.

Tatsächlich erkennt auch ein Laie unschwer die geologische Besonderheit: Wie von Menschenhand gemeißelt, teilt ein zentimeterbreiter Spalt den Stein. Und das tut er nicht nur an dieser Stelle. So sieht es unter der Karlsbader Altstadt, die sich in eine Schleife des Flusses Teplá schmiegt, überall aus: Kurbäder, Hotels und Parkanlagen wurden auf einem Gesteinskörper magmatischen Ursprungs erbaut, der vor etwa 270 Millionen Jahren zu Granit erstarrte. Dabei zerbarst er, ein wildes Nebeneinander von Verwerfungen und Bruchzonen war die Folge. Magma konnte aus dem Erdinneren aufsteigen. Bis heute, vermutet man, ist eine Magmakammer in der Erdkruste dafür verantwortlich, dass das Karlsbader Wasser so heiß ist – und so stark versetzt mit Kohlendioxid.

Um sich davon zu überzeugen, muss man aus Trnkas Hinterhof nur in die Fußgängerzone treten; und in die Mühlbrunnenkolonnade, unter deren Dach die Mühlquelle sprudelt – nachdem ihr 56,6 Grad Celsius heißes Wasser durch jene Kluft aufgestiegen ist, die der Ingenieur ein geologisches Lehrbuch nennt. Zunächst aber regnet das Wasser vom Himmel und versickert, um bis zu 25 000 Jahre lang in der Erde zu zirkulieren. Dabei erhitzt es sich in der Tiefe, reichert Kohlendioxid an, löst Mineralien aus dem Gestein und steigt größtenteils durch die „Hoff'sche Linie" wieder auf. Diese Felsspalte, die sich wie ein Baum nach oben verzweigt, führt an verschiedenen Stellen ins Freie. Allein in Karlsbad sprudeln mehr als 80 Quellen, von denen rund ein Viertel als Heilquelle gilt. Hier treffen sich die Menschen, um etwas Thermalwasser abzuzapfen. Schnabeltassen, aus denen man trinken und zugleich inhalieren kann, bringen sie in Plastiktüten mit.

An manchen Quellen muss man aufpassen, sich nicht zu verbrennen. Denn das Wasser erhitzt sich unterhalb des berühmtesten tschechischen Kurorts fast doppelt so schnell wie anderswo – in nur 1,6 Kilometer Tiefe ist es bereits 100 Grad heiß. Die Karlsbader Rekord-Quelle, „der Sprudel", tritt mit 73,4 Grad ins Freie. Schnell entledigen sich Besucher hier ihrer Jacken. Und verstummen angesichts des Schauspiels, dessen Zeugen sie werden: 2000 Liter Heilwasser pro Minute schießen aus einem Stahlrohr. Als habe das Erdinnere ein →

Mozartbüste: Auch Goethe, Beethoven, Schiller, Wagner und andere große Köpfe bewiesen Weitsicht, als sie im Bäderdreieck kurten. Ihrem Beispiel folgen in dem nach Karl IV. benannten Bad heute vor allem Russen

Römerbad im Kurhotel Nové Lázně: König Edward VII. spendierte einst eine Renovierung. Der britische Monarch kam gerne; wegen seines Übergewichts

Das hiesige Heilbad ist schlechtweg bestrebt, einen zu verwandeln. Um diesen Zweck zu erreichen, schont man dabei keine Mittel, und keiner bleibt dabei verschont.

Mark Twain,
Travel Letters 1891–92

nasses Feuerwerk gezündet, entweicht ihm im Sekundentakt mit lautem Knallen Kohlendioxid. Erst in zwölf Meter Höhe zwingt die Schwerkraft das Wasser zur Umkehr. Zerstäubt zu feuchten Schleiern, plätschert es hinab in die runde Brunnenschale. Dann fließt es eine Etage tiefer in zwei Stahltanks, aus denen die Bäder des Kurbetriebs versorgt werden.

D**ASS DAS WASSER** hier so kraftvoll der Erde entweicht, liege an der „Karlsbader Sprudelschale", erklärt Trnka. Einer etwa 100 000 Jahre alten Gesteinsschicht, die das Tal wie der Verschluss eines Dampfkessels abdichtet. Kontinuierlich baut sich Druck unter ihm auf, weshalb das Wasser, wenn es endlich seinen Weg findet, explosionsartig aufsteigt und wie ein Geysir herausschießt.

Entstanden ist die Sprudelschale nach dem Prinzip, mit dem auch ein Wasserkocher verkalkt: Während das Thermalwasser empordringt, nimmt der Druck, der auf ihm lastet, ab. In einer Tiefe von 50 bis 60 Metern ist er so gering, dass Kohlendioxid austreten kann. Dadurch ändert sich das chemische Gleichgewicht des Wassers: Auch gelöstes Kalziumkarbonat, ein Salz der Kohlensäure, fällt aus – in Form von Aragonit. Ein Mineral, das Krusten, Nadeln, erbsenförmige Kügelchen bildet und schließlich zum sich ablagernden Sprudelstein wird.

Zu Trnkas Leidwesen setzt sich dieser Vorgang bis in die unterirdischen Leitungen fort, die den Karlsbader Kurbetrieb nähren. Zwar wird das Wasser mittlerweile mit Bohrungen in bis zu 90 Meter Tiefe bereits unterhalb seines Entgasungspunktes aufgefangen. Dennoch entweicht ihm kontinuierlich Kohlendioxid, weshalb vor allem an Ventilen, Pumpen und Rohrverbindungen, in Vorratsbecken, Gas-Wasser-Separatoren und Ausgleichsbehältern Kalziumkarbonat ausfällt: Die Leitungen versteinern buchstäblich.

Gewollt ist das lediglich an einem einzigen Platz: Im modrig riechenden Souterrain des Sprudels, in dem „Karlsbader Rosen" beregnet werden. Bereits nach kurzer Zeit sind die dem Wasser ausgesetzten Kunstblumen mit einer bräunlich gelben Schicht überzogen. Zwar ist nicht überliefert, ob sich auch Goethe ein solches Souvenir aus Karlsbad mitnahm. Fasziniert haben ihn die „inkrustierten Körper" aber allemal.

O**HNE MARIAN MACKOVIČ** säßen die Kurgäste im nahen Franzensbad auf dem Trockenen. Schließlich beschäftigte sich der 64-Jährige schon als Student der Wasserwirtschaft mit der Frage, wie man die technischen Anlagen im kleinsten der renommierten westböhmischen Bäder renovieren müsse. Er schrieb seine Diplomarbeit zu dieser Problematik. Und er wurde Chefingenieur der Kurverwaltung. Seit drei Jahrzehnten ist er in der glücklichen Lage, →

seine eigenen Pläne umsetzen zu dürfen. Unablässig dafür sorgend, „dass meine Bäder genügend Mineralwasser haben". Im Besitz der Bad Franzensbad AG, die alle Mineralwasservorräte des Kurorts verwaltet, sind rund zwei Dutzend Heilquellen. Gemäß Gesetz dürfte Mackovič aus ihnen 1200 Liter pro Minute entnehmen; tatsächlich kommt er mit der Hälfte aus. „Ich gehe lieber konservativ mit unseren Ressourcen um", sagt er. Zwar habe sich weder deren Ergiebigkeit noch die Zusammensetzung des Quellwassers geändert, seit die Franzensquelle 1793 eingefasst und der Ort gegründet wurde. „Aber niemand weiß, ob sich unser Eingriff nicht doch irgendwann auswirkt."

Franzensbad, dessen gitterartiges Straßennetz einst am Reißbrett entworfen wurde, ist eine überschaubare Stadt geblieben. Wenn Mackovič „seine Quellen" kontrollieren will, kann er sie zu Fuß abgehen. Durch die gepflegte Fußgängerzone hindurch, vorbei an den ockergelb gestrichenen Hotels, deren klassizistischer Prunk an die Belle Époque des Kurtourismus erinnert, auf fein gekiesten Wegen durch weitläufige Parks. Bis hin zur „Glauberhalle", in deren Keller die Luft dünn und stickig ist. „Kopfwehluft", sagt Mackovič.

Drei Quellen entspringen hier. Ihr hoher Anteil an Natrium und Sulfat ist typisch für das Franzensbader Heilwasser, das mit fünf Gramm pro Liter stark mineralisiert ist – um amtlich anerkannt zu sein, müsste es lediglich ein Gramm Mineralstoffe pro Liter haben. Überdurchschnittlich hoch ist auch sein Anteil an gelöstem Kohlendioxid. Das Gas, das Mackovič „den Motor unseres Kurbetriebs" nennt, sorgt für den Auftrieb des zehn bis 14 Grad kalten Wassers. Die Urkraft hinter diesem Phänomen lässt sich in der Glauberhalle beobachten: In das gläserne Auffangbecken der Quelle „Glauber III" strömt unablässig Kohlendioxid. Wie eine sprudelnde Rauchfahne wabert das Gas im Wasser. Als hauchte ein unterirdischer, längst erloschener Vulkan seinen Atem aus. Legt man das Ohr ganz nahe ans Glas, hört man ihn brodeln.

Vielleicht ist Ingenieur Mackovič von seinem Beruf auch deshalb so fasziniert, weil es nur eines Minimums an Technik

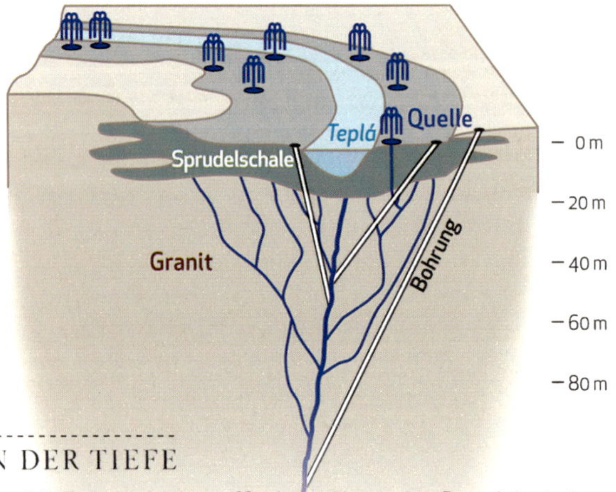

IN DER TIEFE

Wo sich Erdgeschichte offenbart: Unter der Sprudelschale, einer 100 000 Jahre alten Gesteinsschicht, baut sich beständig Druck auf – bis das Wasser explosionsartig nach oben schießt →

Glauberquellen: Hier sollte nur kosten, wer einen kurzen Weg in die Privatheit seines Hotelzimmers hat. Das stark mineralisierte Wasser wirkt – und zwar abführend

Mühlbrunnenkolonnade: Sie birgt gleich fünf Fontänen des traditionsreichen Kurorts. Als 13. Quelle von Karlovy Vary gilt Becherovka, der aus Heilkräutern gewonnene Likör

Fixe Luft, Gas, künstliche Luft, mephitische Luft, Luftsäure – lauter Namen, unter denen man eine und eben dieselbe Sache versteht – ist dasjenige Wesen, das den mineralischen Wassern einen besondern Spiritus giebt.

David Becher,
Neue Abhandlungen über das Karlsbad, 1789

bedarf, um die Franzensbader Quellen zu nutzen: ein paar Rohre, Tanks, Schieber und Regler, fertig. Die Steuerung läuft automatisch, den Rest erledigt die Natur allein.

EINE TIEFE STIMME und einen festen Händedruck hat Josef Zoul von der Bad Franzensbad AG. Er ist jemand, der seinem Gegenüber direkt in die Augen schaut. Jemand, dem man vertraut. Gerade weil er weit davon entfernt ist, seinen Kurpatienten schnelle Heilerfolge zu versprechen. „Was wir machen, ist Lebensqualitätsverbesserungsmedizin", sagt der Direktor für Heilfürsorge. Sein Fachgebiet: die Balneologie, die Lehre von der therapeutischen Anwendung natürlicher Heilquellen. „Rezept einlösen, Pillen schlucken, gesund werden, so funktioniert eine Kur nicht", sagt Zoul. Wer zur Kur fahre, dessen Körper müsse schrittweise an physiologische Belastungen gewöhnt werden. Das heißt auch, dass nicht jedes Kohlendioxidbad, nicht jede Moorpackung, nicht jede Gasinjektion als angenehm empfunden wird. „Wellness", sagt Zoul, „ist reiner Urlaub. Wir dagegen heilen."

Für die Kurgäste im Hotel Imperial beginnt der Tag um sieben Uhr früh. In weißen Bademänteln streben sie an Lobby und Frühstücksraum vorbei; hin zu den Kabinen, vor denen Bademeister, Masseure, Trainer und Physiotherapeuten warten. Es sei selbstverständlich, versichert Zoul, dass man in Franzensbad auch Wassergymnastik, Lymphdrainagen und Paraffinpackungen bekommen könne. Die wichtigste Anwendung ist jedoch klassischer Art: Seit Gründung des Kurorts wird in kohlendioxidhaltigem Mineralwasser gebadet.

Wenn dieses in die Wanne läuft, ist es oft bräunlich gefärbt, von Stoffen im Humusboden und Eisen. Trotzdem muss der Patient bis zur Brust eintauchen – und hat plötzlich das Gefühl, in Sekt zu baden. Kohlendioxidbläschen steigen auf, docken an der Haut an, kribbeln und bitzeln. Knappe 20 Minuten dauert die Prozedur, während der man sich so wenig wie möglich bewegen sollte. Das Kohlendioxid wirkt auf der Haut nämlich wie eine Isolierschicht, die vor der relativen Kälte des Quellwassers schützt. Nach dem Bad legt man sich mit leicht geröteter Haut auf die Ruheliege, denn das eingedrungene Kohlendioxid erweitert die Gefäße. Das wiederum erleichtert die Pumparbeit des Herzens, weshalb sich im Laufe einer Kur bei vielen Patienten Blutdruck- und Pulswerte verbessern. Ein Effekt, der etwa zwei Monate anhält.

AUF TRINKKUREN schwören die Gäste im dritten der bekanntesten Bäder der Region, dem idyllisch zwischen Hügeln gelegenen Marienbad, eine halbe Stunde Fahrt entfernt. Das mag daran liegen, dass in diesem Kurort 40 Quellen sprudeln, deren mineralische Zusammensetzung jeweils →

einzigartig ist. So bedient sich die Marienbad Kur & Spa Hotels AG allein sieben verschiedener Säuerlinge – kalter, kohlendioxidreicher Quellen, deren Temperatur zwischen sieben und zehn Grad schwankt. Wer an ihnen täglich anderthalb bis zwei Liter trinkt, kann mit Sulfaten gegen Verdauungsstörungen, mit Kalzium gegen Osteoporose, mit Eisen gegen Blutarmut und mit Magnesium gegen Nierensteine ankämpfen – denn die im Wasser gelösten Mineralien werden in der Regel besonders gut vom Körper aufgenommen.

Aber auch die anderen Bäder haben weitere Besonderheiten: Bei der Quelle, nach der Marienbad benannt worden ist, handelt es sich um eine Mofette, in der Kohlendioxid trocken aus der Erde austritt. Das farblose Gas verhält sich ähnlich wie Wasser. Es fließt, man kann es schöpfen, es läuft über. Patienten, die ein Kohlendioxidgasbad nehmen wollen, betten sich hierzu in blaue Plastikhüllen. Diese werden mit Gas gefüllt, das in die Haut eindringt. So fördert es die Durchblutung, senkt den Blutdruck, stimuliert das vegetative Nervensystem, das Atmung, Herzschlag und Stoffwechsel steuert.

Auch in Franzensbad winkt Balneologe Josef Zoul seine Patienten in ein Kohlendioxidgasbad, im historischen Bau zwischen Franzensquelle und Kolonnade: Aus einer vergoldeten, laternenförmigen Vase strömt hier reines Quellengas. Drum herum sitzen acht Kurgäste auf gepolsterten Bänken und nehmen ein Gruppenbad im Trockenen. Sie halten sich ganz still, denn jede Fußbewegung würde das über den Boden fließende Kohlendioxid aufwirbeln. Bücken dürfen sich die Patienten sowieso nicht; unter Hüfthöhe bliebe ihnen buchstäblich die Luft weg.

Wenn man Josef Zoul fragt, was genau seine Kurgäste nach einer solchen Behandlung über die Národní třída flanieren lässt, eine Prachtmeile, an der schon Goethe logierte, so holt er hörbar Luft. „Ach, wissen Sie", sagt er dann, „in unseren Kurorten heilt auch der Mythos."

Autor **Tom Dauer**, 39, bekam in Franzensbad eine Kohlendioxid-Anwendung und eine Moorpackung, drückte sich aber vor einer Gasinjektion. Durch Flucht nach Karlsbad.

INFO

▶ **BÄDERDREIECK**

Gebrauchsanleitung für Böhmens berühmte Bäder

Kurbehandlungen und Wellness-Aufenthalte im böhmischen Bäderdreieck werden vor allem von spezialisierten Reiseveranstaltern vermittelt. **Cup Vital** *(Tel. 0421/20 36 00, www.cup.de)* hat sich auf Marienbad spezialisiert, während **Euromed** *(Tel. 030/ 20 31 62 03, www.euromed-kurreisen.de)* überwiegend auf Franzensbad setzt.

Karlsbad

Die meisten Karlsbader Einrichtungen bedienen sowohl den Kurgast als auch den Wellness-Aficionado. Das 2001 grundlegend rekonstruierte **Schlossbad** *(Zámecké lázně, Zámecký vrch 1, www.edenhotels.cz)* gegenüber der Sprudelkolonnade kombiniert ein Day Spa mit klassischem Kurbetrieb dank zweier eigener Thermalquellen. Kurgäste liegen auch im **Elisabethbad** *(Alžbětiny lázně, Smetanovy sady 1, www.spa5.cz)* am Smetana-Park richtig. Die Eingangstüren des auffallenden **Bad I** *(Lázně I)* ziert noch immer das Logo des James-Bond-Films „Casino Royale", der hier gedreht wurde.

Man muss nicht unbedingt im noblen **Grand Hotel Pupp** wohnen, das besonders bei russischen Gästen hoch im Kurs steht. Schon der Besuch in der hauseigenen Konditorei (**Café Pupp,** *Mírové náměstí 2*) lohnt. Günstiger kommt man im **Hotel Promenáda** unter: *Tržiště 31, Tel. 00420-353 225 648, www.hotel-promenada.cz, DZ ab 50 €.* Gutbürgerliche Küche serviert der mehr als 200 Jahre alte **Posthof** *(Poštovní dvůr, Slovenská 2, Tel. 00420-353 224 119, www.postovnidvur.cz)* am Ende der Kurzone. Im bekanntesten Karlsbader Café, dem **Elefant** direkt am Fluss Teplá *(Stará Louka 30, Tel. 00420-353 169 011, www.hotelelefant.cz, DZ ab 58 €)*, genossen schon Goethe und Beethoven ihren Kaffee. Zu einem Kuraufenthalt gehören auch die **Karlsbader Oblaten** – diese dünnen Teigwaffeln werden nach wie vor zum Nachmittagstee verzehrt. Die beste Sorte „Kolonáda" wird jedoch in Marienbad hergestellt.

Marienbad

Der Zauber von Marienbad beruht auf der Komposition von Parkanlagen, Kurbauten und der gusseisernen Kolonnade in einem einstigen Moorgebiet. Im vornehmen Hotel **Nové Lázně** *(Reitenbergerova 53, Tel. 00420-354 644 111, www.marienbad.cz, DZ ab 71 €)* können auch Nicht-Hausgäste das römische Bad und die Kureinrichtungen besuchen. An das Flair der alten Kurtradition erinnert das **Centrální Lázně** *(Goethovo náměstí 1, Tel. 00420-354 634 111, DZ ab 71 €).*

Marienbad punktet mit reiner Luft, extremer Ruhe und der Lage inmitten des Kaiserwalds. Zwei Ausflüge sollten Sie deshalb einplanen. Zunächst die Wanderung zum 1905 gegründeten Golfplatz mit seinem Klubrestaurant und dem besten Preis-Leistungs-Verhältnis der Umgebung. Und im sieben Kilometer entfernten handyfreien **Kladská** ließ Fürst Schönburg-Waldenburg um 1900 am Rande eines Sees Schweizer Chalets errichten. Dort unbedingt probieren: die kreative Küche von Vlastimil Reitmajer (**Pension Kladská**, *Tel. 00420-354 691 888, www.pensionkladska.cz)* mit Schwerpunkt auf Wildgerichten.

Franzensbad

In der „Perle des Bäderdreiecks" bietet die größte Kurgesellschaft des Landes diverse Kur- und Wellnesspakete in ihren eigenen Hotels an. Dank seiner Lage empfiehlt sich das elegante **Imperial** *(Dr. Pohoreckého 3, Tel. 00420-354 206 600, www.franzensbad.cz, DZ ab 96 €)* mit eigenem Bäderbetrieb. Ein Tipp ist das neue Fitness- und Wellnesszentrum **Aquaforum** *(5. května 19, Tel. 00420-354 206 500, www.aquaforum.info).* Wer die unberührte Umgebung kennenlernen möchte, sollte einen Ausflug in das fünf Kilometer entfernte Naturreservat **Soos** unternehmen. Ein Lehrpfad auf Holzstegen führt durch Sumpf und Moor.

Rosenzweig & Schwarz, Hamburg

Gratis

Übersetzungscomputer

Unterstützt Sie im Urlaub, in Beruf und Schule. Übersetzt Deutsch, Englisch, Spanisch, Italienisch, Französisch und Holländisch. Je 5.000 Wörter pro Sprache. Maße: ca. 11,7 x 8,6 x 1,1 cm, anthrazit/silber.

GEO Special berichtet jeweils über ein Land, eine Region oder eine Stadt. 6 x im Jahr.

Jede Zeitschrift ein Erlebnis: die GEO Familie!

Ihre Wunschzeitschrift wählen und bis zu 13 % sparen.

GEO berichtet in exklusiven und aktuellen Reportagen über die wichtigen Themen unserer Zeit. 12 x im Jahr.

GEOSAISON zeigt die schönsten Reiseziele rund um den Globus. 12 x im Jahr.

GEOWISSEN zu lesen heißt, die Welt besser zu verstehen. Mit den neuesten Erkenntnissen aus Wissenschaft und Gesellschaft. 2 x im Jahr.

GEO EPOCHE ist das Geschichtsmagazin von GEO. Jetzt auch mit DVD. 6 x im Jahr.

GEOkompakt ist monothematisch und widmet sich den großen Fragen der Allgemeinbildung in außergewöhnlicher visueller Opulenz. 4 x im Jahr.

GEOlino ist das Erlebnisheft für Kinder von 8 bis 14 Jahren. 12 x im Jahr.

GEO Familien-Vorteilscoupon

✗ Ja, ich bestelle die unten angekreuzten Zeitschriften und nutze alle meine Vorteile:

- **Ich spare bis zu 13 %!**
- **Ich erhalte den Übersetzungscomputer gratis!**
- **Ich erhalte alle Hefte frei Haus!**
- **Nach einem Jahr kann ich jederzeit kündigen!**
- **Geld-zurück-Garantie für zu viel bezahlte Hefte!**

Ja, ich bestelle die angekreuzten Zeitschriften. Zum Dank für meine Bestellung erhalte ich **den Übersetzungscomputer** nach Zahlungseingang **gratis.** Die Lieferung aller Hefte erfolgt frei Haus. Ich gehe kein Risiko ein, denn ich kann nach einem Jahr jederzeit kündigen. Das Geld für bezahlte, aber nicht gelieferte Ausgaben erhalte ich zurück. Das Angebot gilt nur in Deutschland.

GEO Special (6 Hefte) für mich, Best.-Nr. ☐ **657001**, als Geschenk ☐ **657002**
Erscheint 6 x jährlich zum Preis von zzt. € 6,95 pro Heft.

GEO (12 Hefte) für mich, Best.-Nr. ☐ **657003**, als Geschenk ☐ **657004**
Erscheint 12 x jährlich zum Preis von zzt. € 5,65 pro Heft.

GEOSAISON (12 Hefte) für mich, Best.-Nr. ☐ **657009**, als Geschenk ☐ **657010**
Erscheint 12 x jährlich zum Preis von zzt. € 4,40 pro Heft.

GEOWISSEN (4 Hefte) für mich, Bestell-Nr. ☐ **657015**, als Geschenk ☐ **657016**
Erscheint 2 x jährlich zum Preis von zzt. € 7,50 pro Heft.

GEO EPOCHE (6 Hefte) für mich, Best.-Nr. ☐ **657011**, als Geschenk ☐ **657012**
Erscheint 6 x jährlich zum Preis von zzt. € 8,00 pro Heft.

GEO EPOCHE mit DVD für mich, Bestell-Nr. ☐ **657013**, als Geschenk ☐ **657014**
Erscheint 6 x jährlich zum Preis von zzt. € 14,25 pro Heft.

GEOkompakt (4 Hefte) für mich, Best.-Nr. ☐ **657005**, als Geschenk ☐ **657006**
Erscheint 4 x jährlich zum Preis von zzt. € 7,75 pro Heft.

GEOlino (12 Hefte) für mich, Best.-Nr. ☐ **657007**, als Geschenk ☐ **657008**
Erscheint 12 x jährlich zum Preis von zzt. € 3,05 pro Heft.

Die Preise gelten in Deutschland. Auslandspreise auf Anfrage.

Meine Adresse: (Bitte auf jeden Fall ausfüllen.)

Name, Vorname

Straße/Nr. — Geburtsdatum 19

PLZ — Wohnort

Telefon-Nr. — E-Mail-Adresse

Ich zahle bequem per Bankeinzug:

Bankleitzahl — Kontonummer

Anschrift des Geschenkempfängers: (Nur ausfüllen, wenn Sie einen GEO Titel verschenken möchten.)

Name, Vorname

Straße/Nr. — Geburtsdatum 19

PLZ — Wohnort

Dauer der Geschenklieferung:
☐ unbefristet (mindestens 1 Jahr) ☐ 1 Jahr

☐ Ja, ich bin damit einverstanden, dass GEO und Gruner+Jahr mich künftig per Telefon oder E-Mail über interessante Angebote informieren.

Widerrufsrecht: Die Bestellung kann ich innerhalb der folgenden zwei Wochen ohne Begründung bei GEO Special, Kunden-Service, 20080 Hamburg, in Textform (z. B. Brief oder E-Mail) oder durch Rücksendung der Zeitschrift widerrufen. Zur Fristwahrung genügt die rechtzeitige Absendung.

Datum — ✗ Unterschrift

GEO Familien-Vorteilscoupon einsenden an:
GEO Special, Kunden-Service, 20080 Hamburg

Oder anrufen unter: 01805/861 80 00*

Einfach per E-Mail: GeoSpecial-Service@guj.de

Verlag: Gruner+Jahr AG & Co KG, Dr. Gerd Brüne, Am Baumwall 11, 20459 Hamburg, AG Hamburg, HRA 102257. **Vertrieb:** DPV Deutscher Pressevertrieb GmbH, Dr. Olaf Conrad, Düsternstr. 1, 20355 Hamburg, AG Hamburg, HRB 95 752.

* 14 Cent/Min. aus dem deutschen Festnetz. Mobilfunkpreise können abweichen.

dossier

Landesinformationen komprimiert

TSCHECHIEN

929: Ermordung von Václav I., dem späteren Nationalheiligen

SCHICKSALSTAGE

ERINNERUNG AUF SCHRITT UND TRITT

Was mit Urvater Čech begann, prägt das Land bis heute so sehr, dass Historie allgegenwärtig ist: als Ringen zwischen Fremdherrschaft und Selbstbestimmung

6. Jahrhundert. Als Urvater Čech vom Gipfel des Berges Říp auf die fruchtbare böhmische Ebene blickt, ruft er wie Moses seinem Volk zu, dass „das verheißene Land" gefunden sei. So beginnt der Sage nach die tschechische Geschichte. Tatsächlich siedeln sich während der Völkerwanderung zahlreiche slawische Stämme im heutigen Staatsgebiet an. Ihre Stammesführer stehen bald vor einer Herausforderung, die Tschechiens Geschichte immer wieder prägen wird: der Begierde übermächtiger Nachbarn. Karl der Große macht die böhmischen Kleinfürsten 806 tributpflichtig und treibt die Christianisierung voran. Nach dem Zerfall des karolingischen Reiches im 9. Jahrhundert unterwirft sich die in Prag herrschende Dynastie der Přemysliden dem ostfränkischen König – dem Vorgänger des ersten römisch-deutschen Kaisers.

Am 28. September **929** (nach anderer Quelle 935) wird der fromme Herzog Václav I. von seinem Bruder erschlagen und schon bald nach der Bluttat als Heiliger verehrt. Seinen Nachfahren gelingt es, ihre Macht weiter auszudehnen. 1086 erhebt der Kaiser einen Herzog der Přemysliden erstmals zum böhmischen König.

Trotz der Zugehörigkeit zum Heiligen Römischen Reich bewahrt das Königreich im Innern seine Unabhängigkeit. Ab dem 12. Jahrhundert werben die Herrscher zahlreiche deutsche Siedler an: Bauern, Bergleute und Handwerker, die sich vor allem in unerschlossenen Randgebieten und den neuen Städten niederlassen. Auch deutsche Kaufleute und Geistliche leben in Böhmen. Ebenso Prinzessinnen, die mit slawischen Adeligen vermählt sind. Fortan ist das Königreich zweisprachig. Und so wird der Landespatron Václav auch als „heiliger Wenzel" bekannt.

Am 11. Juli **1346** wählen die Kurfürsten des Reiches den böhmischen Regenten Karl zum deutschen König, 1355 wird er auch Kaiser. Nun ist Böhmen das mächtigste Land im römisch-deutschen Imperium – und Prag dessen Zentrum. Karl IV. lädt berühmte Künstler an die Moldau. Er lässt eine neue Burg auf dem Hradschin errichten, gründet die Neustadt und 1348 die erste Universität nördlich der Alpen. Als der kunstsinnige Monarch 1378 stirbt, hat er Prag zu einer der prächtigsten Metropolen Europas gemacht.

1316–1378: Karl IV., bedeutendster Herrscher seiner Zeit

6. Juli **1415**. Mit einer rostigen Kette um den Hals wird der Universitätslehrer Jan Hus in →

1415: Jan Hus auf dem Scheiterhaufen

Konstanz an einen Pfahl gebunden und bei lebendigem Leib verbrannt. Anschließend streut der Scharfrichter die Asche in den Rhein, um Anhängern des böhmischen „Ketzers" keine Reliquien zu hinterlassen. Doch die Flammen können Hus' Ideen nicht ersticken: Sein Martyrium entfacht mehrere Kriege zwischen Hussiten und königstreuen Katholiken. In den Streit um das Abendmahl für Laien und andere Reformen mischen sich Feindseligkeiten zwischen tschechisch- und deutschsprachigen Landsleuten. Denn die Deutschen – oft die Oberschicht – halten mehrheitlich am alten Glauben fest, während die Hussiten auf Tschechisch predigen. Als 1434 ein Kompromiss im Kirchenstreit gefunden wird, kehrt einstweilen Frieden ein. Doch die Kriege haben Böhmens Macht im Reich geschwächt.

1583 zieht Kaiser Rudolf II. von Wien auf die Prager Burg – und macht die Stadt noch einmal zum glanzvollen Mittelpunkt des Heiligen Römischen Reiches. Der schwermütige Fürst sammelt Gemälde, Skulpturen, exotische Tiere und Perpetua mobilia. Bald aber holt den großzügigen Mäzen der politische Alltag ein: 1526 hatten die Adeligen und Stadtoberen den Habsburgern die böhmische Krone angetragen – weil man sich von der mächtigen Dynastie Schutz erhoffte. Seither dehnen die katholischen Habsburger die Königsmacht auf Kosten der protestantischen Stände aus. Im Kampf um ihre Rechte verbünden sich die böhmischen Führer 1611 mit Rudolfs Bruder Matthias – und machen ihn zum König Böhmens. Zu ihrer Verbitterung verlegt der neue Habsburger den Hof zurück nach Wien. Der abgesetzte Rudolf indes verlebt den Rest seiner Tage auf dem Hradschin.

23. Mai **1618**. Wutentbrannt stürzen Vertreter der böhmischen Stände zwei königliche Statthalter samt Schreiber aus einem Fenster der Prager Burg. Die drei überleben. Doch die Rebellion gegen die protestantenfeindliche Politik des Königs gerät zum Zündfunken des Dreißigjährigen Krieges: Am 8. November 1620 siegt am Weißen Berg nahe Prag die Katholische Liga über das Heer der Protestantischen Union – zu der seit dem Wirken Martin Luthers auch etliche Deutschböhmen gehören. Nach dem Sieg treibt der Habsburger Kaiser die Rekatholisierung voran: Er lässt böhmische Aufrührer hinrichten, verweist nicht katholische Geistliche des Landes, enteignet die Güter protestantischer Adeliger. Böhmen sinkt zu einer österreichischen Provinz herab, in der allein der katholische Glaube gilt – und sich in Kultur und Verwaltung die deutsche Sprache immer mehr durchsetzt.

Warhafftige Zeitung

Aus Praag

Darinnen kürtzlich vermeldet wird/ der gefährliche Zustande/ welcher vber die Evangelische Stände hat ergehen sollen/ Aber von Gott dem Allerhöchsten verhütet worden/ vnd hernachmals sich das Widerspiel begeben/ das es vber die Rahtgeber (so Gott vnd dem Landesfrieden zuwieder/) selbsten außgangen / Auch wie sich einer von den rädelinsführer/ aus angst seines bösen Gewissens / zu den Capuciner München ins Kloster versteckt / entlichen aber herauß geben müssen/ vnd den Evangelischen Ständen gefänglichen vberantwortet. Wie sie dann auch ferner ihr eigen bekändtniß gethan/ vnd vmb Gnade gebeten.

Gedruckt im Jahr 1618.

1618: Prager Fenstersturz

1883: Eröffnung des Nationaltheaters

August **1881**. Bei den letzten Feinarbeiten am Prager Nationaltheater bricht ein verheerendes Feuer aus. Spontan spenden die Einwohner der Stadt große Summen für den Wiederaufbau und ermöglichen so 1883 doch noch die feierliche Eröffnung mit Bedřich Smetanas patriotischer Oper „Libuše". Das Nationaltheater ist für die Tschechen ein Symbol ihres neuen Selbstbewusstseins. Wie überall in Europa erwacht in den böhmischen Ländern im 19. Jahrhundert das Nationalgefühl. Die Tschechen fordern mehr Unabhängigkeit von Wien. Dabei tut sich ein immer breiterer Graben zur deutschen Bevölkerung auf, die nur ungern auf alte Vorrechte verzichtet. Um 1900 ist Böhmen tief gespalten: Deutsche und Tschechen besuchen separate Universitäten, Kaffeehäuser und Turnvereine. Und auch die Antwort auf den Bau der tschechischen Oper folgt prompt: 1888 eröffnet in Prag das Neue Deutsche Theater.

28. Oktober **1918**. In einem Meer aus rot-weißen Fahnen feiern die Tschechen den Zusammenbruch des Kaiserreichs – und die Geburt der Tschechoslowakischen Republik. Dem neuen Staat gehören auch die Slowaken an. Präsident Tomáš Masaryk hat ihnen Teilautono-

1918: Unabhängigkeitserklärung

mie innerhalb der ČSR in Aussicht gestellt. Die größte Minderheit aber sind die Deutschen: Sie stellen ein Fünftel der Bevölkerung und leben überwiegend in den Grenzregionen. Etliche von ihnen hoffen auf einen Anschluss dieser Gebiete an Österreich. Doch die Alliierten und Masaryk lehnen eine Verschiebung der historisch gewachsenen Grenzen Böhmens ab. Eine Zeitlang scheint es, trotz mancher Benachteiligung der Minderheiten, als könne das Zusammenleben in einem Staat gelingen. Als jedoch die Weltwirtschaftskrise die deutschen Regionen hart trifft, ist dort die Stunde der Unversöhnlichen gekommen: Eine überwältigende Mehrheit wählt 1935 die nationalistische Sudetendeutsche Partei des Konrad Henlein – und lässt sich von den Parolen Adolf Hitlers begeistern.

Am 15. März **1939** marschiert die deutsche Wehrmacht in die „Rest-Tschechei" ein. Das Sudetenland hat Hitler bereits annektiert, nachdem Großbritannien, Frankreich und Italien es ihm mit dem Münchner Abkommen im September 1938 zugestanden haben. Hitler will die „wertvollere Hälfte des tschechischen Volkes germanisieren" – den Rest ausschalten. Fast die gesamte jüdische Bevölkerung des Landes wird ermordet. Auch das Terrorregime gegen die übrigen Bürger schürt den Hass auf die Deutschen. So werden im Juni 1942 als „Vergeltung" für das Attentat auf den Reichsprotektor-Stellvertreter Reinhard Heydrich fast 3200 Menschen hingerichtet oder verschleppt, die Dörfer Lidice und Ležáky dem Erdboden gleichgemacht. Als der Krieg 1945 endlich endet, beginnt die Abrechnung mit Hitlers Helfern – und jenen, die man dafür hält. „Tod den Deutschen!", ruft der Mob, der mordend und plündernd durch die Straßen zieht. Fast die gesamte deutsche Bevölkerung, etwa drei Millionen Menschen, werden auf Geheiß von Präsident Edvard Beneš enteignet und gewaltsam aus der Tschechoslowakei vertrieben.

1994: Eva Herzigovás berühmte Pose

21. August **1968**. In der Nacht rollen Panzer des Warschauer Paktes ins Land, um den Reformen Alexander Dubčeks ein Ende zu bereiten. Der Generalsekretär träumt von einem „Sozialismus mit menschlichem Antlitz". Seine Politik wird besonders scharf kritisiert von der DDR-Führung unter Walter Ulbricht – die sich ebenfalls an der Drohgebärde beteiligt. Umso besser sind die Beziehungen, die Ulbricht und die SED-Spitze nach der Niederschlagung des „Prager Frühlings" (siehe Seite 60) zu dem neuen linientreuen Regime unterhalten. Die Tschechoslowakei ist ein beliebtes Urlaubsziel für DDR-Bürger und einer der wichtigsten Handelspartner. Einhellig lehnen die Herrscher in Prag und Ost-Berlin Ende der 1980er Jahre Michail Gorbatschows Perestroika ab – und werden 1989 beide durch friedliche Revolutionen hinweggefegt.

1939: Einmarsch der Wehrmacht

Am 22. Februar **1998** gleicht das Land einem Freudenmeer: Tschechiens Eishockeyspielern gelingt es, den nationalen Stolz mit olympischem Gold aus Nagano zu stählen. Für viele der gefühlte Höhepunkt in einem Jahrzehnt des Wandels, in dem das demokratisch gewordene Land gewaltige wirtschaftliche Umwälzungen und etliche wacklige Regierungen erlebt – und die tschechische Schönheit Eva Herzigová mit einer reizenden Wonderbra-Werbung internationalen Verkehrskollaps provoziert. Einvernehmlich verlief 1993 die Trennung Tschechiens und der Slowakei. Beide neuen Staaten treten 2004 im Zuge der Osterweiterung der Europäischen Union bei – und gehören ab Dezember 2007 zum Schengener Raum. Damit fällt mit den Grenzkontrollen der letzte Rest des Eisernen Vorhangs.

Am 9./10. Oktober **2009** stehen Neuwahlen an. Die Regierung von Mirek Topolánek ist im März über ein Misstrauensvotum gestürzt – ausgerechnet als das Land erstmals die EU-Ratspräsidentschaft innehatte und ganz Europa auf es blickte. Trotz des unglücklichen Einstands in Brüssel bringen die Tschechen die europäische Sache noch voran: Nach dem Abgeordnetenhaus billigt im Mai auch der Senat den Reformvertrag von Lissabon. ■ *Susmita Arp*

2009: Abgang eines Regierungschefs

Spitzenpolitiker mit Überraschungs-Ei: Jiří Paroubek, Chef der Sozialdemokraten

POLITIKSTIL

NICHT OHNE STINKEFINGER

Tschechiens Politiker gehen wenig zimperlich miteinander um: Ohrfeigen schallen, Eier fliegen. Dahinter steckt mehr als rüpelhaftes Benehmen

ES WAR WOHL bloß ein schwacher Moment, aber er lässt tief blicken: Der damalige Premierminister Mirek Topolánek stand am Rednerpult und plötzlich, verärgert von Zwischenrufen aus der Opposition, zeigte er den ausgestreckten Mittelfinger in den Parlamentssaal. Wenigstens die Ausrede hinterher war fantasievoll: Um die vulgäre Bedeutung der Geste wisse er nicht; er habe lediglich seinem Finanzminister signalisieren wollen „Du bist meine Nummer eins!"

An derlei Episoden ist die tschechische Politik reich; derbe Scherze der „echten Kerle" an der Spitze des Landes (Frauen gibt es wenige in der hohen Politik) gelten als Beweis dafür, dass die politische Kaste bodenständig geblieben ist. Dabei wirkt das gesamte Parteiensystem ausgesprochen fragil. Koalitionen zerbrechen, eine Regierung wird just dann gestürzt, als die ganze Welt auf das Land blickt (siehe Seite 121), kleine Parteien, wie zuletzt die Grünen, erzielen erst erstaunliche Erfolge und zerfleischen sich dann innerhalb einer einzigen Legislaturperiode selbst. Da fängt sich der Gesundheitsminister auf offenem Podium eine gesalzene Ohrfeige eines Rivalen ein, da hält ein Spitzenpolitiker einen Fotografen mit gezieltem Faustschlag auf Distanz, da fliegen Eier. Und dann artet auch noch eine Feier des Oppositionsführers in Wildwest-Manier aus: Zwei Gäste streiten, und der eine erschießt den anderen. Nach Zeugenaussagen wurde die Frage diskutiert, wer der Partei mehr Geld gespendet habe.

Hinter den böhmisch-rustikalen Umgangsformen steckt mehr als mangelnde demokratische Erfahrung. Die gespaltene und verfeindete politische Szene ist Spiegelbild der Gesellschaft. Tschechien ist ein Land, das in zwei Teile zerfällt – vor allem in sozialer Hinsicht. Viele Angehörige der mittleren Generation haben sich 1989 nicht auf die neue Zeit einstellen können, sie waren zu alt für einen Neubeginn und zu jung für die Rente. Wer hingegen jünger war, flexibler, besser ausgebildet oder aber noch in sozialistischen Zeiten die richtigen Beziehungen geknüpft hatte, der sah sich über Nacht im Land der ungeahnten Möglichkeiten. Und so verläuft in der tschechischen Gesellschaft zwischen Wendegewinnern und -verlierern ein tiefer Graben. Während die einen vom rasch aufkeimenden Kapitalismus profitierten und einen möglichst offenen Markt verlangen, trauern die anderen dem sozialistischen Vollkaskosystem nach. Eine stabilisierende Mittelschicht ist bislang nicht in Sicht.

In dieser Zerrissenheit liegt der Grund für die wackeligen politischen Verhältnisse. Anders als in den meisten erwachsenen Demokratien balgen sich die beiden tschechischen Volksparteien nicht um die Stimmen der politischen Mitte, sondern stehen programmatisch in diametralem Gegensatz zueinander. Während die Sozialdemokraten unverhohlen zum ganz linken Rand und den unreformierten Kommunisten schielen, setzt sich die bürgerlich-demokratische ODS für ein wirtschaftsliberales Rundumpaket ein. Ein Konsens oder zumindest ein Kompromiss ist bei derart verhärteten Ausgangspositionen so gut wie unmöglich, eine Annäherung in weiter Ferne.

Dass sich die Probleme auch mit dem Heranwachsen einer jungen Politikergeneration nicht von selbst lösen werden, musste die tschechische Öffentlichkeit im September 2008 erfahren. Ein 29-jähriger Abgeordneter begann eine Affäre mit der Tochter einer Kollegin und brüstete sich offen damit, auf diese Weise vertrauliche Informationen zu gewinnen. Sein Pech war, dass Journalisten mit versteckter Kamera filmten. Die Partei distanzierte sich sofort von ihrem Nachwuchsstar – das sei schließlich kein akzeptabler Politikstil, hieß es.

Ratspräsidentschaft

JEIN ZU EUROPA

Sechs Monate sollte Tschechien die EU führen. Doch nach vielversprechendem Start folgten Prager Chaostage

BISWEILEN MUTEN SIE INFANTIL AN, die symbolischen Gesten von höchster Stelle: Auf der Prager Burg, dem Sitz des tschechischen Staatspräsidenten Václav Klaus, weht bis heute nicht eine einzige Europaflagge. „Wir sind keine Kolonie der EU", soll der Präsident trotzig gerufen und das Hissen des ungeliebten Sternenbanners höchstpersönlich untersagt haben. Und dann ist da noch die Sache mit seinem hochrangigen Mitarbeiter, der in seinem privaten Garten ein eindeutiges Schild aufgebaut hat: „Hier endet die Europäische Union."

Solche Beobachtungen sind es, die den Tschechen seit ihrem EU-Beitritt im Jahr 2004 den Ruf eingebracht haben, europafeindlich zu sein. Das Paradoxe daran: Eigentlich ist die Mehrheit der Tschechen sehr europafreundlich. Beim Referendum über den Beitritt vor sechs Jahren votierten drei Viertel der Wähler für Europa, alle wichtigen Parteien in Tschechien unterstützen den Westkurs des Landes, und für die Jungen ist es mittlerweile normal geworden, in Frankreich, Spanien oder Italien zu studieren. Hinzu kommt: Das Lager der Euroskeptiker ist wesentlich kleiner, als die lautstarken Äußerungen glauben machen. Es besteht im Wesentlichen aus der Kommunistischen Partei – und aus Václav Klaus. In der Haltung des Präsidenten schwingt immer wieder die Sorge mit, dass Tschechiens Souveränität durch die EU bedroht sein könnte. „Wir haben lange gekämpft, um von Moskau loszukommen", heißt es bei den Kritikern immer wieder, „da können wir uns nicht gleich den Brüsselern an den Hals werfen."

Allzu verständlich, dass die ganze Union voller Sorge nach Prag blickte, als die dortige Regierung im Januar 2009 turnusgemäß die Ratspräsidentschaft übernahm, um die Geschicke der Gemeinschaft für sechs Monate zu leiten. „Für ein so kleines Land", sagten hohe EU-Beamte hinter vorgehaltener Hand, „ist das kaum zu bewerkstelligen."

Trotzdem schlugen sich die Tschechen tapfer – bis zu jenem 24. März 2009, an dem die Opposition die bürgerliche Regierung um Premierminister Mirek Topolánek mit einem Misstrauensvotum aushebeln konnte. Grund waren wieder einmal innenpolitische Streitereien. Diesmal allerdings spielte sich das Gezänk nicht unbemerkt innerhalb der Landesgrenzen ab: Denn die Ratspräsidentschaft war mit dem Sturz der Regierung faktisch beendet, die bis zu den Neuwahlen amtierende Übergangsregierung hat nicht einmal im eigenen Land Rückhalt – geschweige denn international Gewicht. Wieder einmal stehen die Tschechen im Ruf, der Union geschadet zu haben. ■ *Kilian Kirchgeßner*

DEUTSCH-TSCHECHISCHES VERHÄLTNIS

WENN HERR MÜLLER MIT HERRN NOVAK

Auch 60 Jahre nach Beneš lässt sich die Vergangenheit nicht ganz vertreiben. Und doch haben die Nachbarn zu einer gemeinsamen Zukunft gefunden

Sieg über die Vergangenheit: Spieler der Deutsch-Tschechischen Fußballschule

BEIM AUSFLUG IN DEN ZOO heißt der Tiger *tygr*, der krabbelnde Marienkäfer ist ein *sluníčko*, und wer Milch möchte, der fordert nachdrücklich *mléko*: Was manchem Erwachsenen nie fehlerfrei über die Zunge gehen wird, ist für die Fünf- und Sechsjährigen aus dem bayerischen Waldthurn ein Spiel. Einmal in der Woche lernen sie in ihrer Kita Tschechisch und besuchen regelmäßig Freunde im Nachbarort Hostouň.

In dem EU-geförderten Projekt „Von klein auf – Odmalička" engagieren sich außer der Waldthurner Kindertagesstätte noch rund vier Dutzend weitere Einrichtungen entlang der deutsch-tschechischen Grenze. Die ihnen anvertrauten Kinder sollen spüren: Ein paar Kilometer entfernt sprechen die Menschen zwar anders, man kann mit ihnen aber trotzdem bestens spielen. Und so basteln, singen und backen die Kleinen gemeinsam – in zwei Sprachen.

Und der Austausch zwischen den Nachbarn geht über die Verständigung im Vorschulalter längst weit hinaus. Rund sechs Jahrzehnte nach dem Zweiten Weltkrieg und der anschließenden Ausweisung der Deutschen aus der Tschechoslowakei – nach jenem Geschehen also, das die Betroffenen als Vertreibung bezeichnen und die Tschechen als *odsun*, als Abschiebung – tanzen die Nationen heute gemeinsam in Hip-Hop-Workshops. Sie schippern die Elbe entlang, hören Musik von Antonín Dvořák und kampieren in Zeltlagern. 3000 deutsche und tschechische Auszubildende hospitieren momentan im jeweils anderen Land und trotzen Heimweh, Liebeskummer und manchem kulturellen Missverständnis.

Dass viele Deutsche sich inzwischen auch auf Tschechisch zurechtfinden, hilft dabei. An rund 80 bayerischen und sächsischen Schulen lernen sie die Sprache, und auf vier Fußballplätzen der Region schreien die Spieler Tor genauso selbstverständlich wie *gól*. Sprache spielt hier mit, denn an der Deutsch-Tschechischen Fußballschule üben die Jungen nicht nur Freistoß und Flanke, sondern jonglieren auch mit den sieben tschechischen Fällen. Etwa zweimal pro Woche pendeln sie zwischen Ost und West, spielen in Hof und Rehau, in Františkovy Lázně und Skalná. Die grenzüberschreitende Fußballschule bildet derzeit 100 Jungen zwischen acht und 13 Jahren aus, jüngst gewann sie den Einheitspreis der Bundeszentrale für politische Bildung.

Dabei fühlte sich Schulleiter Gerald Prell anfangs von kaum jemandem ernst genommen, als er vor sieben Jahren jene Idee verwirklichte, die ihm in einer Berliner Studentenkneipe gekommen war. Nicht nur die Eliten beider Länder sollten sich annähern, sondern auch die Normalbürger Herr Müller und Herr Novak: über den Volkssport Fußball.

Nur vereinzelt boten Schulen in der Bundesrepublik damals die Fremdsprache Tschechisch an; das bilinguale Gymnasium in Pirna war die Ausnahme. Wenige deutsche Auszubildende reizte ein Praktikum jenseits der Grenze. So sehr sich die Menschen in der Nachwendezeit für ihr Nachbarland begeisterten, so schwierig war die Verständigung im Alltag. Wo kein Zaun mehr trennte, blieb eine innere Schranke. Vorurteile auf beiden Seiten: hier die Tschechen, die Arbeitsplätze gefährden; dort die Deutschen, die es billig haben wollen.

Unfrieden stiften auch die Beneš-Dekrete, jenes Konvolut aus 143 einzelnen Bestimmungen, mit dem einst auch die Ausbürgerung der deutschen Bevölkerung besiegelt worden war. In der Debatte herrscht auf tschechischer Seite insbesondere eine Angst vor: dass die Dekrete rückwirkend für ungültig erklärt werden und die Nachfahren der Vertriebenen ihre alten Besitzansprüche geltend machen könnten.

Je höher die politische Ebene, desto mehr führt das Thema bis heute zum Eiertanz. An der Basis aber: ein ganz anderes Bild. „Wir haben das Gefühl, dass die Grenze in den Köpfen langsam durchbrochen wird", sagt Radka Bonacková vom Austauschzentrum Tandem in Regensburg, das auch die Kindergärten beider Länder zusammenbringt. Die Kooperation klappt derart gut, dass jüngst ein Fünfjähriger einer Erzieherin folgende Sorge anvertraute: Wenn die deutschen Kinder bei der nächsten Begegnung Tschechisch reden würden und die tschechischen Kinder Deutsch, dann könnten sie wieder nicht miteinander sprechen. „Wenn das unser größtes Problem ist", sagt Radka Bonacková, „haben wir gute Fortschritte gemacht." *Katharina Peters*

ROMA

MUT DURCH MUSIK

Rassismus ist für sie noch immer Alltag, nun aber tanzen und singen die Roma dagegen an

ER NENNT SICH „SUPERGIPSY", hüpft im hautengen Anzug über die Bühne des Eurovision Song Contest und singt: „Ich liebe es, diese Zigeuner-Ratte zu sein. Auf geht's, Roma!" Radoslav Banga räumte mit der Band Gipsy.cz bereits den tschechischen Grammy ab, seine Musikvideos laufen auf MTV. Dabei ist der 27-Jährige einer von geschätzt 275 000 Roma in Tschechien, deren Lebenswirklichkeit Lichtjahre von jeglicher Glitzerwelt entfernt liegt.

Schritt zum Selbstbewusstsein: Khamoro-Festival

Während des Europawahlkampfes 2009 forderte die ultrarechte Nationale Partei in einem Werbespot gar die „Endlösung der Zigeunerfrage", bezeichnete die Roma als „Parasiten". Die Bilder zeigten vermüllte Plattenbauten, einen Mann mit auffälliger Zahnlücke, der eine Axt schwang. „In den Medien tauchen Roma entweder als Musiker oder als Verbrecher auf", spitzt ein Sprecher des „European Roma Rights Center" zu. Täglich sind Roma in Tschechien menschenverachtenden Anfeindungen ausgesetzt, viele hausen mehr, als dass sie wohnen, viele sind arbeitslos. Gleichzeitig tut sich Wundersames: In Prager Klubs wie Palác Akropolis oder PopoCafePetl treten nun Roma-Bands auf.

Es ist nur ein kleiner Rahmen, doch für das Selbstbewusstsein der Minderheit sind solche Ereignisse Meilensteine. Zwar verdienten Roma in Tschechien schon vor 100 Jahren ihr Geld als Berufsmusiker, nach 1948 verbannte das sozialistische Regime sie jedoch wieder von den Bühnen. Romanes, die Sprache der Roma, war im Einheitssozialismus unerwünscht. Nach der Wende erkannte der tschechische Staat die Roma als nationale Minderheit an. Der EU reichte das nicht: Sie forderte, die Regierung müsse die Rechte der Minderheit weiter stärken. Immerhin tanzen Roma und Tschechen nun jeden Mai beim Khamoro-Festival, einem der mittlerweile größten Roma-Feste weltweit, gemeinsam in Prag. Und das auf Staatskosten. Ein kleiner Sieg. ■ *Laura Himmelreich*

FILM

SANDMÄNNCHEN IST SUPERSTAR

In Tschechien sind Märchen alles andere als Kinderkram. Einst eine Chance, die Zensur zu umgehen, wird das Genre bis heute heiß geliebt

AM HEILIGEN ABEND kochen Mütter eigens vor, schuppen den Karpfen schon am Nachmittag, um nur nichts zu verpassen. Denn zu Weihnachten wird jedes Jahr ein neues Märchen ausgestrahlt. Für viele Familien fast wichtiger als das Fest selbst. Im vergangenen Jahr sahen 1,8 Millionen Tschechen, also ein knappes Fünftel der Nation, den „Zauber der Könige" – eine derartige Quote hat bei uns nur die „Tagesschau".

Die Tschechen sind märchenverrückt, und nicht zuletzt das hat ihre Märchen weltberühmt gemacht, besonders „Drei Haselnüsse für Aschenbrödel". Wie die meisten Märchenfilme entstand der Streifen im Auftrag der Prager Barrandov-Studios. Während der kommunistischen Herrschaft retteten sich begabte Filmemacher dorthin, um unpolitische Geschichten für Kinder zu drehen. „Gerade die Besten haben sich oft diesem Zufluchtsgenre gewidmet", sagt Regisseur Zdeněk Zelenka. Die Filmhandlungen ließen genug Raum für Interpretation und befriedigten Kapitalisten wie Kommunisten. Für die einen war Aschenbrödel eine freche Prinzessin, für die anderen eine emanzipierte Genossin, schließlich fordert sie ihren Prinzen mit einer Armbrust heraus. Die Zensur griff nur ein, wenn die Darsteller knallige Farben trugen: „Zu westlich", befanden die Beamten dann.

Über die heimische Leinwand liefen fortan kunstvoll animierte Knetmännchen, schlagfertige Marionetten und Figuren wie der kleine Maulwurf. Die bekannteste: Sandmännchen „Večerníček", das seit 44 Jahren von einem Holzpferd grüßt und auch Australien, Malaysia und Simbabwe erreicht. Seinen 40. Geburtstag feierte das tschechische Fernsehen mit einer großen Gala. Und als „Večerníček" unlängst von seinem Sendeplatz um 19 Uhr eine Viertelstunde vorrückte, erschütterte das die ganze Nation. Schlimmer war nur eine Umstellung 1968: Seit jenem Jahr wünscht der Sandmann „Gute Nacht" in Farbe. *Katharina Peters*

Seit der Erstausstrahlung 1965 im Sattel: »Večerníček«

Erfolge am laufenden Band: Die Ehe von Volkswagen und Škoda gilt heute als glücklich

INVESTITIONEN

HOCH IM KURS

Einst galt Tschechien als Topstandort für deutsche Unternehmen. Längst sind andere billiger. Gute Nachricht!

EIGENTLICH wollte Gerhard Richter nicht in den Osten. Doch sein Arbeitgeber war pleite, und in Deutschland fand der studierte Maschinenbauer keinen neuen Job. Also ging er als Manager auf Zeit nach Ostrava. Dort, im Dreiländereck Tschechien-Polen-Slowakei, brachte er binnen einem Jahr einen deutschen Betrieb „wieder auf Kurs". Das war vor zwölf Jahren. Seither lebt Richter in Prag und unterstützt mit seinen Sprach- und Landeskenntnissen Unternehmen aus der Heimat, die sich in Tschechien niedergelassen haben.

Seine Entscheidung hat Richter nie bereut, denn das Land erlebte „einen ungeheuren Boom". Vor allem Zulieferer aus der Autoindustrie seien nach der politischen Wende „mit aller Gewalt rübergegangen". Dabei beschäftigten sie den Deutschen gern als Berater. Laut aktueller Konjunkturumfrage der Deutsch-Tschechischen Industrie- und Handelskammer (DTIHK) dürfte sich an Gerhard Richters Auftragslage trotz globaler Wirtschaftskrise auch nicht viel ändern: 81 Prozent der befragten Unternehmen würden sich wieder in Tschechien ansiedeln. DTIHK-Sprecher Sebastian Holtgrewe resümiert: „Die Goldgräberstimmung ist zwar vorbei, Tschechien aber steht bei deutschen Investoren nach wie vor hoch im Kurs."

Schon 1990 waren es deutsche Unternehmen, die als Erste in der damaligen Tschechoslowakei investierten. Als Schlüsselereignis gilt die Übernahme des Automobilherstellers Škoda durch Volkswagen: Obwohl die industrielle Ehe zunächst skeptisch betrachtet wurde, fruchtete ihr erfolgreicher Verlauf in vielen kleinen und mittelständischen Firmenansiedlungen. Derzeit produzieren und handeln in Tschechien ungefähr 4000 deutsche Unternehmen, darunter Siemens, Rodenstock, Osram und Bosch. 7,3 Milliarden Euro Investitionen flossen 2008 in das Land. Davon stammten 2,3 Milliarden – der größte Anteil – von deutschen Firmen.

Von Mitgliedsunternehmen der deutschen Außenhandelskammern wurde Tschechien jüngst zum dritten Mal in Folge zum attraktivsten Standort unter

STREITFALL

GEFÄHRLICHES GEFÄLLE

Ein kleines Dorf hat beschlossen, Teil von Prag zu werden. Der Grund: Zwischen Stadt und Land klafft eine gewaltige Wohlstandslücke

AUF DEM LAND sind die Stadien veraltet, und es gibt maximal zwei Duschen", erzählte ein Schweizer Nationalspieler nach seinem einjährigen Gastspiel bei Sparta Prag. Und das tschechische Stadt-Land-Gefälle macht sich nicht nur im Sport bemerkbar. Während Prag sich herausputzt, kommen Kleinstädte und Dörfer kaum über die Runden. Ihnen fehlt Geld, etwa für die Kanalisation – von Annehmlichkeiten wie Büchereien oder Schwimmbädern ganz zu schweigen.

Die Ursache für das Missverhältnis liegt im System. Tschechische Großstädte bekommen etwa fünfmal so viel Steuergelder als kleine Gemeinden, um ihre im Vergleich komplexere Infrastruktur zu finanzieren. So bezieht Prag pro Bürger um die 1400 Euro aus der Staatskasse, der 400-Seelen-Ort Hora Svaté Kateřiny dagegen nur 330 Euro. Weil sich dessen Einwohner ungerecht behandelt fühlen, beantragten sie 2008 die Eingemeindung in die Hauptstadt – obwohl 120 Kilometer von dieser entfernt. Ihr Ansinnen wurde abgelehnt, das tschechische Verfassungsgericht sprach sich gegen eine Änderung des Verteilungsschlüssels aus. Vizebürgermeister Petr Pakosta will dennoch nicht aufgeben. Er plant, vor das Europäische Gericht zu ziehen: „Es kann doch nicht angehen, dass die Hauptstadt, die sowieso mehr einnimmt, auch noch vom Staat derart gehätschelt wird – während anderswo die Lichter ausgehen."

Wappen von Hora Svaté Kateřiny

den mittel- und osteuropäischen Staaten gewählt. Auf den Plätzen folgen die Slowakei, Slowenien und Deutschland. Dies zeige, glaubt Holtgrewe, dass mittelständische Unternehmen langfristig denken. Denn mit einem Durchschnittsgehalt von monatlich 950 Euro brutto ist Tschechien längst kein Billiglohnland mehr. „Wer allein auf den Lohnkostenvorteil setzen will, für den heißt es: ab nach Rumänien, in die Ukraine oder nach Asien." Für Tschechien sprechen andere Faktoren. Erstens die geringe Entfernung; Unternehmer können sich schnell selbst überzeugen, ob ihr Laden läuft. Zweitens jede Menge gut ausgebildeter Facharbeiter und Ingenieure – die sich in den vergangenen Jahren ihre Arbeitsplätze nach Belieben aussuchen konnten. Seit Ende 2008 steigt die Arbeitslosenquote, jetzt können Arbeitgeber aus den besten Bewerbern wählen.

Es ist dennoch weniger die Großwirtschaftslage, die den Standort Tschechien gefährden könnte. Die eigentlichen Probleme sind hausgemacht: So beklagen deutsche Unternehmen, dass im Nachbarland ohne Korruption so gut wie gar nichts gehe. Eine Erfahrung, die auch Interims-Manager Gerhard Richter in seinem tschechischen Jahrzehnt gemacht hat: „Oft zählen gute Kontakte mehr als Qualität." Bemängelt wird auch, dass die Einführung des Euro auf sich warten lässt. Die meisten Unternehmen rechnen mit der Gemeinschaftswährung erst ab 2013. Zugleich geht die tschechische Krone gern auf Achterbahnfahrt; da tut sich jeder Investor schwer, verlässlich zu planen.

Holtgrewe von der DTIHK glaubt dennoch, dass Tschechien mittel- und langfristig für deutsche Unternehmen weiter an Bedeutung gewinnen wird. Ein Indiz: Nur noch wenige Unternehmen sehen das Land „als verlängerte Werkbank". Stattdessen wird Geld in Forschung und Entwicklung gepumpt. Unter anderem von zwölf deutschen Projekten, die zusammen fast 200 Millionen Euro investierten und 1117 Arbeitsplätze schufen. Innerhalb eines halben Jahres.

WENDEGEWINNER

GENERATION GO

Tschechien ist eines der geburtenschwächsten Länder der Welt. Nun sorgen »Husáks Kinder« für einen lukrativen demografischen Aufschwung

DA WAREN ZUM BEISPIEL die Zivilschutzübungen: Wohl jeder Mittdreißiger in Tschechien erinnert sich daran, im Plastikkittel, mit Tüten an Händen und Füßen sowie einer alten Gasmaske über dem Gesicht vor einem hypothetischen Angriff aus dem Westen geflohen zu sein. Erfahrungen dieser Art sind tief im kollektiven Gedächtnis jener Menschen verankert, die ihre Kindheit gerade noch so im Kommunismus verbracht haben. Anspielend auf den Generalsekretär der Kommunistischen Partei Gustav Husák, der ab 1969 die Reformen des Prager Frühlings zunichtemachte, wird diese Generation heute „Husáks Kinder" genannt.

Tschechische Medien verwenden diese griffige Bezeichnung häufig in Zusammenhang mit dem aktuellen Babyboom. Die landläufige Erklärung für überfüllte Kreißsäle und Kindergärten lautet: Viele Tschechen reagierten auf die Niederschlagung des Prager Frühlings mit einem Rückzug ins Private. Unterstützt von einer Sozialpolitik, die günstige Kredite an Ehepaare vergab, gründeten sie Familien und bekamen, eben, Husáks Kinder. Vor allem 1974 und 1975 stieg die Geburtenzahl signifikant an. Die damals Zur-Welt-Gekommenen starteten nach der Wende genau im richtigen Alter in die Zeit der neuen Möglichkeiten und sorgen heute wiederum selbst für Nachwuchs.

Besonders glücklich mit dem Generationenetikett ist die tschechische Werbeindustrie. Sie begreift Husáks Kinder als homogene Zielgruppe von zumeist gut verdienenden Wendegewinnern. Nach Meinung von Ivan Dramlitsch, der das Phänomen als stellvertretender Chefredakteur der „Prager Zeitung" unter die Lupe genommen hat, geht diese Rechnung allerdings kaum auf: „Die Kinder Husáks erkennen sich auf Partys, sie empfinden auch eine gewisse Solidarität untereinander. Aber ihre Biografien sind vollkommen verschieden." Wenig verwunderlich, ergab sich nach 1989 doch für viele Tschechen zum ersten Mal die Möglichkeit zu verreisen, im Ausland zu studieren oder ganz auszusteigen. So vielfältig die Chancen waren, so intensiv wurden sie von den Husák-Kindern genutzt. Deshalb kommt Dramlitsch zu dem Schluss: „Was diese Generation verbindet, ist die Erinnerung an eine spezifisch geprägte Kindheit. Nicht mehr und nicht weniger." ■ *Tom Dauer*

Kollektive Erinnerung einer Generation: Zivilschutzübungen

Ein Jahr voller Entdeckungen

€ 10,- sparen!
bei allen Panorama Kalendern
Exkusiv im GEO Shop nur € 99,- statt € 109,- im Handel

GEO Panorama: Mythische Orte

Virtuose des Lichts, Meister des Panoramablicks: Macduff Everton gibt mythischen Orten ihre rätselhafte Kraft zurück. Weil er die Athener Akropolis im Abendlicht einfängt wie niemand sonst oder den Mond über der Maya-Stadt Tikal. Eine magische Reise zu großen Plätzen der Menschheit.

Format: 137 x 60 cm
Preis: € 99,- / € [A] 99,90 / CHF 169.-
Best.-Nr.: G 660600

10% Rabatt

- Für GEO-Abonnenten bei jedem Kalender!
- Für Besteller von mehr als einem Kalender auf den regulären Einzelpreis!

GEO Klassiker: Traumpfade

Durch Landschaften voller Magie führen jene Wege, auf denen Menschen und Karawanen wie traumwandlerisch unterwegs sind: Bergsteiger in der weißen Welt des Eises, buddhistische Mönche unter dem schäumenden Vorhang eines Wasserfalls, festliche Prozessionen auf den grünen Treppen fruchtbarer Reisfelder, Reiter auf einsamen Hochebenen. Ein wundervoller Kalender mit zwölf Einladungen zum Mitgehen.

Format: 60 x 55 cm
Preis: € 49,- /
€ [A] 49,50 / CHF 83.-
Best.-Nr.: G 660700

SPAZIERGÄNGE S. 134

CAFÉS S. 133

ROUTEN S. 138

service

Die wichtigsten Tipps und Adressen für Ihre Reise — **TSCHECHIEN**

GUT ZU WISSEN

WÄHRUNG Tschechien gehört zwar zur EU, Zahlungsmittel aber ist die Tschechische Krone: 1 € = 26 CZK. Stark schwankend.

REISEZEIT Tschechien hat zu jeder Jahreszeit seinen Reiz, ideal sind Frühjahr und Herbst. Für einen Prag-Besuch gilt: möglichst Feiertage und Silvester meiden.

VORWAHL 00420, dann folgt stets eine neunstellige Nummer. Ortsvorwahlen gibt es nicht. Günstige Prepaidkarten: Vodafone.

BESONDERHEITEN Mangels Ladenschlussgesetz können Geschäfte nach eigenem Ermessen öffnen und schließen. Museen und Sehenswürdigkeiten sind oft montags zu.

AUSKUNFT CzechTourism, Friedrichstr. 206, 10969 Berlin, Tel. 030/204 47 70, www.czechtourism.com. In allen größeren tschechischen Orten informieren mit „Informačni centrum" (IC) oder „Turistické informačni centrum" (TiC) gekennzeichnete Büros.

ORIENTIERUNG

Schön nah, schön günstig und ganz schön schön, das ist Tschechien. Worauf also warten? Starthilfen für einen Urlaub, nach dem Sie »Nächstenliebe« großschreiben werden

Tschechien gilt trotz kontinuierlich gestiegener Preise noch immer als **günstiges Reiseland**. Die Fahrtkosten sind bei preiswerten Zugtickets und niedrigen Spritpreisen vergleichsweise gering. Nicht selten kosten Unterkünfte auf dem Land um 30 € pro Doppelzimmer und Nacht. Nur die Prager Hotellerie macht eine Ausnahme und hat preislich längst den Anschluss an die europäische Spitze geschafft. Dafür bewegt sich ein gezapftes Bier sogar in städtischen Bierstuben noch immer um 1,50 €. Und für einmal essen gehen daheim sind in Tschechien gleich zwei bis drei Restaurantbesuche drin.

ANKOMMEN

AUTO

Für viele Deutsche und Österreicher liegt das östliche Nachbarland so nah, dass es per Auto bequem zu erreichen ist. Aus Richtung Regensburg/Nürnberg ist die Anfahrt über den Grenzübergang **Waidhaus/Rozvadov** ideal, die direkt auf die Autobahn Prag–Pilsen führt. Trotz des **Schengen-Abkommens** wird an der Grenze noch gelegentlich kontrolliert, also **Personalausweis** oder **Reisepass** griffbereit haben. Und: in den Großstädten **bewacht parken**. Ratsam ist auch eine sichtbare Wegfahrsperre, etwa eine Lenkradkralle. Allein in Prag werden pro Tag rund 30 Fahrzeuge gestohlen.

FLUGZEUG

Sowohl die **klassischen Fluglinien** Austrian, Lufthansa und Swiss als auch eine Reihe von **Billigfliegern** bedienen den internationalen Flughafen **Prag-Ruzyně**. Preise für Hin- und Rückflug liegen je nach Saison zwischen 150 und 500 €. Die oft günstigste Verbindung bietet **Germanwings** von Köln/Bonn ab 29,99 € pro Flug.

BAHN

Gemütlich ist die Anreisevariante mit dem Zug, beispielsweise von Dresden durch die Böhmische Schweiz, von Nürnberg via Pilsen, von Linz durch Südböhmen oder von Wien durch Südmähren. Die vorbeiziehende Landschaft ist erquicklich, die Fahrt selbst ist es nicht immer – wegen häufiger Verspätungen. Weil Bahnfahren in Tschechien günstig ist, kann es sich lohnen, zunächst nur ein Ticket bis zur Grenze zu kaufen – und dann nachzulösen. Frühbucher können vom **Europa-Spezial-Angebot** der **Deutschen Bahn** profitieren, ab 39 € pro Strecke.

REISEBUS

Wer Geld sparen möchte, findet günstige Verbindungen bei **Student Agency** (*www.student agency.cz*, nicht nur für Studenten) oder bei **EuroLines** (*www.eurolines.cz*). München bis Prag ab 21 €, von Hamburg ab 38 €, von Frankfurt ab 35 €.

HERUMKOMMEN

AUTO

Praktisch sind Rundfahrten mit dem eigenen Auto oder mit einem Mietwagen, zum Beispiel von **CS Czechocar** (*Tel. 00420-261 222 079, www.czechocar.cz*). Mit grobem Kartenmaterial kann es schwierig werden. Deshalb: An beinahe allen größeren Tankstellen gibt es den **Marco Polo Autoatlas Česka Republika** (Verlag Geodézie ČS) zu kaufen.

BAHN

Tschechien gilt als **Bahnland**, nahezu jede Region ist per Schiene bestens erschlossen und für wenig Geld zu erreichen. Die meisten tschechischen Züge vermitteln dank ihres Tempos und der Ausstattung allerdings ein Nostalgieerlebnis. Mehrsprachige **Fahrpläne für Züge und Überlandbusse** finden sich unter *www.idos.cz*.

TAXI

Besonders die Prager Taxifahrer haben – heute meist zu Unrecht – einen schlechten Ruf, weil sich Nachrichten über betrügerisch hohe Fahrtkosten häuften. Am besten: Taxis telefonisch bei **AAA Radiotaxi** anfordern (*Tel. 14014*) und den Preis vorher abmachen.

HINEINKOMMEN

Die größte Auswahl an ausgearbeiteten Reisen hält der Spezialanbieter **Čedok** (*Tel. 00420-221 447 242, www.cedok.de*) bereit. Ebenfalls spezialisiert: der Regensburger Anbieter **Begegnung mit Böhmen** (*Tel. 0941/260 80, www.boehmenreisen.de*). **TUK** (*Tel. 030/423 33 33, www.tschechien-reisen.de*) verhilft zu Ferienhaus oder Schlosshotel. **Frank Schulz** (*Tel. 0351/266 255, www.schulz-aktiv-reisen.de*) organisiert Wanderwochen in die Böhmische Schweiz. →

STARTBAHN

ROMANE UND SACHBÜCHER

■ **Jaroslav Hašek: Die Abenteuer des braven Soldaten Schwejk.** *rororo, 2004, 9,95 €.* Das berühmteste Buch aus tschechischer Feder gehört bis heute zu den amüsantesten Werken der Weltliteratur – und das, obwohl der Ur-Schwejk 1912 erschienen ist. Wer dem braven Soldaten bereits in den Krieg gefolgt ist: Auch Hašeks „Verhaltensregeln für Prager Jungfrauen" sind ein humorvolles Vergnügen.

■ **Antikomplex: Das verschwundene Sudetenland.** *Selbstverlag, 2006, 18 €. Über Buchhandlung Bücherwurm in Greiz: Tel. 03661/3012.* Sie nennt sich „Antikomplex", eine Gruppe tschechischer Studenten und Doktoranden, die sich an eine lang tabuisierte Frage wagte: Welche Folgen hatte die Vertreibung der Sudetendeutschen in einer Region, die sie über Jahrhunderte prägten? Mehr als 300 Vorher-Nachher-Fotopaare geben eine so eindrückliche Antwort, dass das Buch in Tschechien zum Bestseller wurde.

■ **Petra Hůlová: Manches wird geschehen.** *Luchterhand, 2009, 9 €.* Zu den preisgekrönten Nachwuchsstars des tschechischen Literaturbetriebs gehört sie seit sieben Jahren, jetzt hat die 30-Jährige nachgelegt. Thema: eine Liebe, die auf einer Parkbank beginnt. Und wieder spielt Hůlová ihre Stärke aus und brilliert mit sensiblen Charakterstudien.

■ **Milan Kundera: Der Scherz.** *dtv, 2007, 10 €.* Der Roman „Die unerträgliche Leichtigkeit des Seins" ist weltbekannt. Aber auch zum „Scherz" sollte man greifen. Große Literatur, die trauriger macht, als es der Titel vermuten lässt.

■ **Radka Denemarková: Ein herrlicher Flecken Erde.** *DVA, 2009, 21,95 €.* Über Denemarková heißt es, sie grabe die Leichen der deutsch-tschechischen Beziehung aus. Mit ihrem aktuellen Buch über Vertreibung und schmerzhafte Wiederkehr einer deutschsprachigen Jüdin hat sie sich den wichtigsten Literaturpreis des Landes erschreiben können.

■ **Bohumil Hrabal: Ich habe den englischen König bedient.** *Suhrkamp, 2008, 9 €.* Ebenfalls ein Klassiker: Hrabals Erzählung um den kleinwüchsigen Kellner Dítě. Wer diese Geschichte kennt, wird sich nicht wundern, dass der Autor in seiner Heimat zu den meistgelesenen gehört.

■ **Zdeněk Jirotka: Saturnin.** *Karolinum, 2007, 383 Kč. In Prager Buchhandlungen oder direkt über knihkupectvi@ruk.cuni.cz.* Die Lektüre für Rückfahrt oder -flug: Bei Saturnin handelt es sich um einen Diener, der das Leben seines Herrn auf den Kopf stellt. Lachgarantie.

■ **Jaroslav Rudiš: Grand Hotel.** *Luchterhand, 2008, 8 €.* Seine Hauptfigur heißt „Fleischmann", Lieblingsbeschäftigung: Wolkengucken. Und ungewöhnlich geht es bei Rudiš, der sich einst selbst in einem Grandhotel verdingte (siehe Seite 28), weiter. Denn Fleischmann ist mehr als der eigene Vorname abhanden gekommen. Spannend.

■ **Miloš Urban: Im Dunkel der Kathedrale.** *dtv, 2008, 9,95 €.* Krimi, der den Veitsdom zum Schauplatz eines bizarren Mordes macht.

REISEFÜHRER

■ **Prag – Vis-à-Vis.** *Dorling Kindersley, 2008, 20,90 €.* Ein optischer Genuss: mehr als 800 Fotos und 3-D-Zeichnungen.

■ **Nur in Prag.** *Christian Brandstätter Verlag, 2008, 19,90 €.* Der Guide zu sonderbaren Orten, die Reiseführer sonst selten bieten.

■ **Ein perfektes Wochenende in Prag.** *Süddeutsche Zeitung Edition, 2009, 9,90 €.* Frischer Führer mit fast allem, was man für 72 Stunden Prag braucht.

TSCHECHIEN IM NETZ

www.ahoj.info Deutsch-tschechisches Portal für Jugendliche, im fünften Jahr. **www.ceskenoviny.cz** Server der Presseagentur ČTK, mit englischem Nachrichtenüberblick. **www.cnfm.cz/de** Deutsch-tschechisches Jugendforum. **www.czechcentres.cz/berlin** Tschechisches Zentrum Berlin, Anlaufstelle für alle Tschechien-Interessierten in Deutschland – oder Tschechen mit Heimweh. **www.czech.cz** Das ABC der Landeskunde. **www.musica.cz** Das Online-Mekka für Musikinteressierte. **www.pragerzeitung.cz** Prager Zeitung, Wochenzeitung in deutscher Sprache. **www.radio.cz/de** Radio Prag, deutsche Redaktion des Tschechischen Rundfunks. **www.tschechien-online.org** Gut gemachtes Informationsportal. **www.tschechien-portal.info** Portal rund um das deutsch-tschechische Verhältnis. **www.pis.cz/ge** Prager Informationsdienst, Veranstaltungskalender für die Hauptstadt und mehr.

Übrigens: *Wenn die Tschechen das @-Zeichen sprechen wollen, dann sagen sie „zavínač", Rollmops. Deshalb heißt die wichtigste tschechische Auszeichnung für Online-Innovationen auch so.*

PRAG FÜR PRAGMATIKER

Goldene Wahl in der Goldenen Stadt? Die Redaktion hat für Sie ausgewählt: Hotels, Restaurants, Cafés, Klubs und Bars, bei denen Sie garantiert richtig liegen

Gehört einem Pforzheimer, der Theologie studiert hat: das Czech Inn

SCHLAFEN

Noch immer werden Jahr für Jahr etliche neue Hotels in Prag eröffnet – ein Bett lässt sich also problemlos ergattern. Das Preisniveau hält sich trotzdem hartnäckig im oberen Bereich. Hier finden Sie eine kleine Auswahl von Hotels mit Pfiff. Die fast komplette Liste hält der **Prager Informationsdienst** unter *www.pis.cz* bereit. Schauen Sie vor einer Buchung auf den Stadtplan. Einige der im Internet aufgeführten Häuser liegen ziemlich weit außerhalb des Stadtzentrums.

CASTLE STEPS

Nerudova 7, Tel. 257 216 337, www.castlesteps.com, DZ ab 50 €

Phänomenales Preis-Leistungs-Verhältnis. Dass die beste Lage auf der Kleinseite derart günstig zu haben ist, liegt an den historischen Gebäuden: Nicht alle Zimmer haben Wasseranschluss, sodass sich manche Gäste ein Bad teilen müssen. Dafür sind die Räume tipptopp renoviert, komfortabel ausgestattet und von beeindruckender Größe. Natürlich gibt es auch welche „mit eigenem Bad", die dann allerdings schnell das Doppelte kosten.

CZECH INN

Francouzská 76, Tel. 267 267 600, www.czech-inn.com, DZ ab 50 €, Betten im Schlafsaal ab 11 €

Gelungene Mischung aus Designhotel und Hostel. Mit Liebe zum Detail ausgestattet: puristische Einrichtung unter Stuckdecken, dazu Tellerbrause in der Dusche. Der deutsche Besitzer **Matthias Schwender** betreibt nach ähnlichem Konzept auch die Hostels Sir Toby's und Miss Sophie's. Als er in den 1990er Jahren anfing, vermietete er nur zwei Zimmer mit je fünf Betten – und weil sich sein Service herumsprach, ist seither gut gebucht. Früh reservieren!

THEATRINO

Bořivojova 53, Tel. 221 422 111, www.amediahotels.com, DZ ab 75 € inkl. Frühstück

Der einstige Theatersaal des Jugendstil-Gebäudes spielt heute Frühstücksraum, die Zimmer verteilen sich ringsum auf die Etagen. Sollten Sie Ihre Zeit entlang des Prager Königswegs verbringen wollen, ist das Theatrino mit seiner Lage in **Žižkov** (siehe Seite 135) etwas ab vom Schuss. Dafür liegt es mitten im Szeneviertel. In den Zimmern finden Sie Modernes – und eine weit üppigere Ausstattung, als der Preis vermuten lässt.

UNITAS

Bartolomějská 9, Tel. 224 230 533, www.unitas.cz, DZ ab 100 € inkl. Frühstück

Ein Teil der nun wahrlich bewegten Geschichte dieses alten Konvents ist im Keller zu sehen: Dort saß einst Václav Havel in einer Verhörzelle der Geheimpolizei. Fragen Sie nach Nummer 06, wo schon das Türschild verrät: „Where President Havel was arrested." Zwar war Havel damals noch gar nicht Präsident, und möglicherweise wurde er auch nicht hier, sondern in einer Nachbarzelle verhört, aber was spielt das für eine Rolle? Geschichte atmet man in diesem komfortablen Hotel allemal.

K + K CENTRAL

Hybernská 10, Tel. 225 022 000, www.kkhotels.com/central, DZ ab 117 € inkl. Frühstück

Eine mit Fresken überladene Fassade, fein ziselierte Geländer im Treppenhaus und zahlreiche weitere Details machen das nur wenige Schritte vom Platz der Republik gelegene Hotel zu einem Jugendstil-Juwel. Bei der Renovierung des arg baufälligen Hauses vor einigen Jahren wurden die historischen Elemente gekonnt mit modernem Design vermählt. Herausragendes Frühstücksbuffet mit viel frischem Obst.

U RAKA

Černínská 10, Tel. 220 511 100, www.romantikhotel-uraka.cz, DZ ab 145 € inkl. Frühstück

Keine Massage, kein Pool und keine Bar weit und breit. Im Romantikhotel „Zum Krebs" heißt der Luxus Abgeschiedenheit: Nur sechs Zimmer ducken sich unter das niedrige Dach des aufwendig rekonstruierten Hauses, Baujahr 1739! In diesen entrückten Winkel der **Neuen Welt** (siehe Seite 134) dringt kaum ein Laut.

ICON

V jámě 6, Tel. 221 634 100, www.iconhotel.eu, DZ ab 90 € inkl. Frühstück

Das beste Argument für dieses schnörkellose Designhotel sind die Luxusbetten der schwedischen Firma Hästens. Dennoch: raus aus den Federn! Zu Fuß sind es drei Minuten bis zum Wenzelsplatz. Wenn Sie trotz der doppelt privilegierten Lage noch Zeit übrig haben: Angeschlossen ist ein asiatisches Wellnesszentrum.

U ZLATÉ STUDNY

»Zum goldenen Brunnen«, U Zlaté studny 4, Tel. 257 011 213, www.goldenwell.cz, DZ ab 170 € inkl. Frühstück

Frühstücken Sie auf der Panoramaterrasse, die sich direkt an den Burgwall schmiegt, und nichts mehr wird Ihnen den Tag verhageln. Nah liegt die Nikolauskirche, durch ein schmiedeeisernes Privat-Tor gelangen Sie vom Hotel aus direkt in die Burganlage zum Morgenspaziergang. Am besten nach einem Zimmer mit Stadtblick fragen.

WAS KOSTET WAS?

Glas Bier in Prag heute: 1,50 €
Glas Bier andernorts: 0,75 €
Glas Bier 1989: 0,10 €
Typisches Gericht, Svíčková: 6 €
Straßenbahnfahrt in Prag: ab 0,69 €
Taxikilometer in Prag: 1,08 €
Falsch parken im Prag-Zentrum: bis zu 75 €
Mietauto pro Tag: ab 27 €
Liter Benzin: 1,15 €
Porto für eine Postkarte nach Deutschland: 0,65 €

Buddhistische Mönche speisen hier kostenlos: Lehká Hlava

RESTAURANTS

Knödel und Bier warten in Prag an jeder Ecke – aber nicht überall schmeckt es gleich gut. Mit unserer Restaurant-Auswahl schlagen Sie einen weiten Bogen um die überteuerten Nepp-Lokale für Touristen. Einige gastronomische Perlen sind dabei und eine ganze Reihe von bodenständig-böhmischen Restaurants (weitere Bierkneipen siehe Seite 59). An eines müssen Sie sich allerdings in den einfacheren Restaurants gewöhnen: Der Service ist bisweilen arg ruppig. Mit einer Abneigung gegen ausländische Besucher hat das jedoch nichts zu tun – tschechische Gäste werden auch nicht besser behandelt.

ALLEGRO

Veleslavínova 2a, Tel. 221 427 000, www.fourseasons.com/prague/dining €€€
Der italienische Küchenchef Andrea Accordi hat für das Restaurant des Nobelhotels Four Seasons den ersten Michelin-Stern Mittel- und Osteuropas erkocht. Über die Küche sagt das alles. Hinzugefügt sei nur: Wenn Sie sich bei der Reservierung einen der begehrten Tische auf der Terrasse erkämpfen, werden Sie auch noch mit einem superben Blick auf Moldau und Hradschin belohnt.

€	gut und günstig
€€	den Preis wert
€€€	edel

AROMI

Mánesova 78, Tel. 222 713 222, www.aromi.cz €€–€€€
Inhaber und Küchenchef Riccardo Lucque ist ein Meister der italienischen Kochkunst – für den Fall, dass Sie eine Knödel-Pause brauchen. Stolz ist er auf seine Fischgerichte. Was fangfrisch geliefert worden ist, präsentieren die Kellner gern. Das Aromi steht im Ruf, einer der besten Italiener der Stadt zu sein. Der angesagteste ist es auf jeden Fall, besucht vor allem von verwöhnten Einheimischen. Nach dem Essen den Blick auf den mit Grappas und Likören üppig dekorierten Tisch vermeiden. Zumindest, wenn Sie noch Auto fahren wollen.

BIERGARTEN LETNÁ

Zugang von der Kostelní oder durch den Letná-Park €
Die Bierbänke stehen unmittelbar am Geländer, hinter dem der Hang zur Moldau hin steil abfällt. Am anderen Ufer entfaltet sich das Panorama von Judenviertel und Altstadt. Vergessen Sie über das Staunen nicht, sich ein günstiges Bier zu holen – Selbstbedienung.

ČERNÝ KOHOUT

»Schwarzer Hahn«, Vojtěšská 9, Tel. 251 681 191, www.cernykohout.cz €€–€€€
Familie Petřík hat sich auf ambitionierte böhmische Küche verlegt. Dem unvermeidlichen Fleisch nehmen die Köche die Schwere, Wild geben sie einen verdienten Platz auf der Speisekarte zurück. Das Ambiente ist familiär-gemütlich und hebt sich angenehm ab vom minimalistischen Charme vieler anderer Restaurants. Lassen Sie sich vom schmalen Eingangsbereich zum Restaurant nicht abschrecken – der Kenner nimmt im Souterrain Platz.

LEHKÁ HLAVA

»Leichter Kopf«, Boršov 2, Tel. 222 220 665, www.lehkahlava.cz €
Durch einen mit Bambushalmen verkleideten Gang kommen Sie in den engen Gastraum. Nur sieben Tische finden dort Platz. Zu essen gibt es Tofu, Gemüse und Couscous statt deftiger tschechischer Saucen. Alles ist vegetarisch, vieles sogar vegan – selbst die Möhrentorte mit Kokos und Ingwer von der Dessertkarte. Buddhistische Mönche speisen kostenlos.

NEBOZÍZEK

Petřínské sady 411, Tel. 257 315 329, www.nebozizek.cz €€
Das Restaurant liegt auf halbem Weg zum Gipfel des Laurenziberges, sein Wintergarten bietet Postkartenblick. Wenn Sie nach der köstlichen Ente und einem guten Glas Wein nicht mehr zu Tale laufen wollen: Gleich um die Ecke ist die Station der Standseilbahn, die Sie meist im Zehn-Minuten-Takt hinunterbringt.

PÁLFFY PALÁC

Valdštejnská 14, Tel. 257 530 522, www.palffy.cz €€€
Das Ambiente ist fürstlich: Unterhalb der Palastgärten der Burg tafeln Sie in einem Barocksaal, umgeben von einem Kerzen-Meer. Schon der Weg wird zum Erlebnis: vom Palasteingang über einen roten Teppich, durch das breite Treppenhaus bis hinauf in die Beletage. Tische, Stühle und Teller sind im antiken Stil, das Silberbesteck liegt schwer in der Hand. Sollten Sie inmitten dieser Pracht noch Aufmerksamkeit für das Essen haben: Es gibt Kunstwerke der böhmischen und internationalen Küche.

BARÁČNICKÁ RYCHTA

Tržiště 23, Tel. 257 532 461, www.baracnickarychta.cz €€–€€€
Die alte Prager Traditionskneipe gilt als einer der letzten Zufluchts-

Perfekte Verbindung von Kubismus und Kuchen: Grand Café Orient

orte für alteingesessene Prager inmitten des Touristentrubels auf der Kleinseite. An den Holztischen der Schenke ist Platz für je sechs Personen. Kurz fragen, dann dazusetzen. Mit deftigen Klassikern von Gulasch bis Svíčková machen Sie nichts falsch.

STOLETÍ

»Jahrhundert«, Karolíny Světlé 21, Tel. 222 220 008, www.stoleti.cz
€-€€
Wenn Sie „Al Capone" bestellen, bekommen Sie eine Hähnchenkeule, hinter „Graf Trauttmansdorff" verbirgt sich Reisauflauf mit Aprikosensauce. Dass die Gerichte berühmte Namen tragen, gehört zum Konzept des liebevoll geführten Restaurants in einer der Gassen am Nationaltheater. Solide, aber wenig ambitionierte Küche zu fairen Preisen.

U DOBRÉ MYŠLENKY

»Zum guten Gedanken«, Podskalská 27, Tel. 224 914 424, www.dobramyslenka.cz €
Hier in der Prager Neustadt treffen sich die jungen Tschechen, denen der Sinn nicht nach Schickimicki steht. Das Kopfsteinpflaster vor der Tür eignet sich nicht für hohe Absätze, und genauso unprätentiös wie das Restaurant ist auch die Kundschaft. Bodenständige Küche, gute Preise – und im Sommer kann man draußen sitzen.

U ZAVĚŠENÝHO KAFE

Úvoz 6, Tel. 605 294 595, www.uzavesenyhokafe.cz €
Die Kneipe „Zum aufgehängten Kaffee" ist eine alte Prager Institution – und eine soziale zudem: Wem es gut geht, der kann einen Kaffee zusätzlich bezahlen und „aufhängen", wie es im Jargon der Kneipe heißt. Kommt ein wenig bemittelter Gast, fragt der immer zuerst nach, ob nicht gerade ein Kaffee hänge – und kriegt eine Gratis-Tasse serviert, wenn jemand vorher an ihn gedacht hat.

ZTRÁTY & NÁLEZY

»Verlorenes & Gefundenes«, Vinohradská 14, Tel. 224 216 389, www.ztratynalezy.cz €
Wenn Sie „Staročeská bašta" bestellen, können Sie sich auf einem einzigen Teller fast durch die gesamte böhmische Küche essen. Drei Sorten Knödel, Ente, Schweinebraten, geräuchertes Fleisch und Kraut gehören dazu – gedacht wohlgemerkt für lediglich eine Person. Es ist offenkundig, dass der Küchenchef nichts von mageren Portionen hält. So Sie es denn noch schaffen: Probieren Sie als Dessert das frittierte Eis!

CAFÉS

CAFÉ IMPERIAL

Na poříčí 15, Tel. 246 011 440, www.cafeimperial.cz
Leider darf der Tradition des Hauses seit der Renovierung nicht mehr gefrönt werden: jener nämlich, mit Krapfen vom Vortag die Gäste an den Nachbartischen zu bewerfen. Die Schlachten von einst würden nicht mehr in den neuen herrschaftlichen Rahmen passen; mit seinen reich verzierten Kacheln gleicht das Imperial heute eher einem osmanischen Prunkbau. Das angeschlossene Restaurant gilt unter Gourmets als eine der besten Adressen der Stadt.

CAFÉ SAVOY

Vítězná 5, Tel. 257 311 562, www.ambi.cz
Im prunkvollen Grand-Café müssen Sie in zwei Richtungen schauen: nach oben, weil die Decke mit ihren überreichen Stuckverzierungen ein wahres Wunderwerk ist; und auf die Vitrine, weil für die dort ausgestellten Kuchen und Torten das Gleiche gilt. Stolz des Hauses sind – berechtigterweise – die frischen Obstknödel.

GRAND CAFÉ ORIENT

Ovocný trh 19, 224 224 240, www.grandcafeorient.cz
Das Haus „Zur Schwarzen Mutter Gottes" ist ein kubistischer Paradebau mitten in der Altstadt. Die Ausstellung über den tschechischen Kubismus können Sie sich aber getrost schenken, wenn Sie ins Café gehen: Von Lüstern bis zu Tischen und Stühlen, hier ist alles stilgerecht. Probieren Sie den Medovník, einen exquisiten Honig-Nuss-Kuchen. Dass der auf einem kubistischen Teller serviert wird, dürfte Sie nicht mehr überraschen.

KLUBS UND BARS

HOTEL U PRINCE

»Zum Prinzen«, Staroměstské náměstí 29, Tel. 224 213 807, www.hoteluprince.cz
Natürlich ist es ein Touristenschuppen, das Luxushotel direkt am Altstädter Ring. Setzen Sie sich deshalb nicht an einen der Tische vor der Tür, sondern fahren Sie mit dem Fahrstuhl bis nach ganz oben. Auf der Terrasse sind Sie dem Trubel enthoben: Sie sitzen auf dem Dach des Hotels, das Rathaus mit der astronomischen Uhr ist zum Greifen nah, ein paar Schritte entfernt erhebt sich der Doppelturm der Teynkirche, und auf der anderen Seite liegt der bei Nacht festlich angestrahlte Komplex der Prager Burg. Imposanter kann eine Kulisse für den Cocktailabend nicht sein.

PALÁC AKROPOLIS

Kubelíkova 27, Tel. 296 330 911, www.palacakropolis.cz
Wenn eine junge Band im Akropolis auftritt, ist das ihr Ritterschlag. Der Musikklub im Souterrain, angesiedelt in einem früheren Theatersaal, hat in Tschechien einen legendären Ruf. Am Wochenende ist er brechend voll. Wenn Sie eine Tanzpause brauchen: In den labyrinthartig verworrenen Katakomben rund um den Hauptsaal sind eine Bar und ein Café zu finden.

REDUTA

Národní 20, Tel. 224 933 487, www.redutajazzclub.cz
Die Legende unter den Prager Jazzklubs, stilgerecht in einem Gewirr von Kellerräumen untergebracht. Hier gibt es jeden Abend Live-Musik, manchmal im klassischen Dixieland-Stil, dann wieder schnell und funky. Betrieb ist immer, und obwohl das Reduta gern von Touristen besucht wird, halten auch die Einheimischen ihrem Traditionsklub die Treue. Einziger Wermutstropfen: An einen legendären Auftritt aus dem Jahr 1994 reicht nichts aus dem heutigen Programm heran: Damals spielte Bill Clinton Saxofon, und Václav Havel schüttelte die Rumbakugel dazu. →

Cocktails auf hohem Niveau: Dachterrasse im Hotel U Prince

SPITZENTAGE IN DER SPITZENSTADT

Was braucht man an einem Ort wie Prag? Einen ortskundigen Freund, der Schleichwege kennt. Und weil Sie den vielleicht nicht haben, nehmen wir Sie an die Hand

Hauptstadt der Hochgefühle: Blick vom Hradschin auf die Kleinseite

DER KÖNIGSWEG

Von der **Burg** über die **Karlsbrücke** bis zum **Pulverturm** am Platz der Republik führt der legendäre Prager Königsweg – die wohl meistfrequentierte Flaniermeile der tschechischen Hauptstadt. Vorbei an fast allen bekannten Sehenswürdigkeiten geht es, allerdings oft in unerquicklichem Hindernislauf. In Spitzenzeiten werden allein auf der Karlsbrücke 30 000 Menschen pro Tag gezählt. Unsere Tour führt Sie auch auf ruhigere Strecken, und zwar von der **Neuen Welt** über die Prager Burg auf die **Kleinseite**, weiter über die Karlsbrücke, dann zum **Wenzelsplatz**. **START:** Loretánské náměstí, Straßenbahn-Haltestelle Pohořelec (Linie 22). **LÄNGE:** 7,4 Kilometer. Dennoch einen Tag einplanen.

Die ① **Loreta-Kirche** *(Loretánské náměstí 7, www.loreta.cz)* gilt vielen als Nationalheiligtum. Von außen ein verspielt-verschnörkelter Kontrast zum Černínský-Palast gleich gegenüber, von innen unbedingt sehenswert: Prunkstück der Schatzkammer ist die „Prager Sonne", eine Monstranz mit 6222 Diamanten. In einzigartiger Ruhe erleben Sie die Loreta, wenn Sie in den – tschechischsprachigen – Gottesdienst der Kapuziner-Mönche gehen: Sa 7.30, So 18 Uhr.

Romantischer ist Prag nirgends: Von den Palästen des Hradschin aus führt die Černínská in eine ganz andere, in die ② **Neue Welt**: Nový Svět. Schief stehen hier die Häuser, und die kopfsteingepflasterte Gasse liegt verwinkelt. Nur wenige hundert Meter dieses ursprünglichen, ärmlichen Prags haben überdauert. Heute wirken sie wie aus der Zeit gefallen. Achten Sie auf die Hauszeichen, mit denen die einstigen Bewohner ihre Bleiben trotz oder gerade wegen ihrer Armut schmückten: das Haus zum Goldenen Fasan, zum Goldenen Stern, zum Goldenen Lamm. Einzige Ausnahme: die Schwarze Schlange, ein besonders glanzvolles Haus übrigens, Nummer 5.

③ **Hirschgraben:** Vorsicht, nicht eben leicht zu finden! Wo die Kanovnická die Brusnice quert, links halten. Dann sehen Sie nach wenigen Metern auf der rechten Straßenseite einen kleinen Durchschlupf im mannshohen Zaun: Hier führt ein lang gezogener Steg in den Graben. Die Schlucht, eine historische **Befestigungsanlage** der Prager Burg, hat erst Burgherr **Václav Havel** der Öffentlichkeit zugänglich gemacht. Vergessen Sie nicht, nach oben zu schauen! So majestätisch wie aus dieser Perspektive sehen Sie den Hradschin nie wieder. Nach dem Fußgänger-Tunnel führt linker Hand eine Treppe zum königlichen Lustschloss.

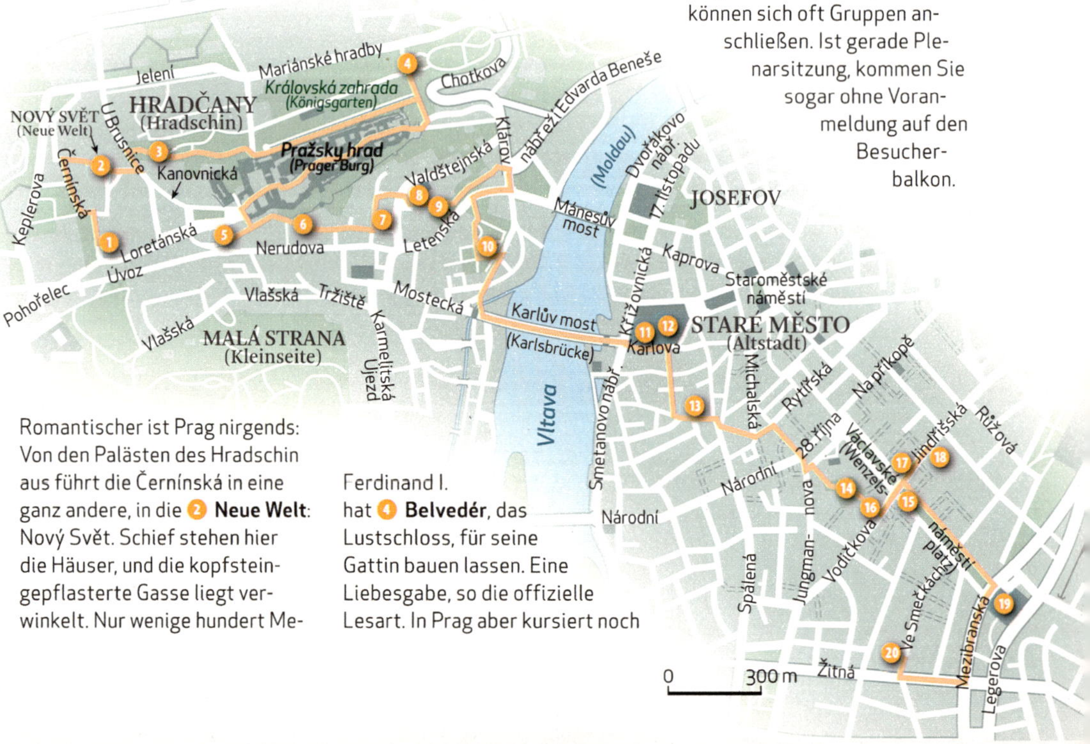

Ferdinand I. hat ④ **Belvedér**, das Lustschloss, für seine Gattin bauen lassen. Eine Liebesgabe, so die offizielle Lesart. In Prag aber kursiert noch eine zweite Interpretation: Die Königin sollte ausreichend weit von der Burg entfernt leben, auf dass sie nicht alle Umtriebe ihres Ehemannes mitbekomme. Sehenswert besonders die Parkanlage, durch die Sie zum Eingang der Prager Burg gelangen.

Der ⑤ **Schwarzenberg-Palast** *(Hradčanské náměstí 2, www.ngprague.cz)* ist einer der wenigen zugänglichen Prunkbauten rund um die Burg. Seit der 2008 abgeschlossenen Renovierung residiert hier die Nationalgalerie. Schon die einst fürstlichen Räume und der kaiserliche Ausblick über die Stadt sind den Eintritt *(5,75 €, ab 16 Uhr 3 €)* wert.

Am unteren Ende der ⑥ **Schlossstiege** das ⑦ **Parlament der Tschechischen Republik** *(Sněmovní 4)* nicht übersehen. Es liegt versteckt in historischen Gebäuden, die miteinander verbunden sind. Einzig ein paar dezente Messingschilder und die allgegenwärtigen Überwachungskameras verraten die Bedeutung des Komplexes. Besichtigungen ab zehn Personen sind – am besten mit Vorlaufzeit – im **Informationsbüro** *(Malostranské náměstí 18, Tel. 257 174 117, Mo–Fr 9–14 Uhr)* zu organisieren, Einzelpersonen können sich oft Gruppen anschließen. Ist gerade Plenarsitzung, kommen Sie sogar ohne Voranmeldung auf den Besucherbalkon.

An der Tomášská liegt der Eingang zum 8 **Wallenstein-Palast**, dem Sitz des tschechischen Senats. Auch wenn die Wachen streng blicken, gehen Sie durch die historische Wageneinfahrt – und an deren Ende in den 9 **Wallenstein-Garten**, der an einer Seite von einer imposanten (künstlichen) Tropfsteinwand begrenzt wird. In einer Voliere werden Uhus gezeigt, und wenn Sie Glück haben, laufen gerade Pfauen zwischen den akkurat gestutzten Hecken. Verlassen Sie den Park durch seinen zweiten Ausgang in Richtung Letenská.

10 **Vojan-Park:** Noch ein versteckter Garten mitten in der Stadt. Prag-Unkundige laufen meist am einzigen Zugang, einer Öffnung in der haushohen Mauer, U Lužického semináře, vorbei. Vojanovy sady ist der älteste Park der Hauptstadt, 1248 von Karmelitermönchen angelegt. Dass die Zeit hier überhaupt verstreicht, merken Sie an der Sonnenuhr, die im hintersten Winkel des Parks an einer Hauswand montiert ist.

Neben der 11 **Salvatorkirche** öffnet sich der Weg in die Innenhöfe des ehemaligen Jesuitenkollegs 12 **Klementinum**, der heutigen Nationalbibliothek. Ein Muss ist jener Raum innerhalb des gewaltigen Komplexes, der einst der ganze Stolz der Mönche war: die faszinierende **Barockbibliothek**. Leider nur über eine reguläre Führung zugänglich *(www.klementinum.com, ab 10 Uhr Fr–So halbstündl., sonst stündl.)*, deshalb am besten gleich der ersten Gruppe anschließen – und nach 172 Stufen vom **Astronomischen Turm** auf das morgendliche Prag blicken. Achten Sie auf die **Kramer-Villa**, die im Nordwesten in Verlängerung der Burganlage steht. Sie ist der traditionelle Sitz des Premierministers. Auf der gut erkennbaren Terrasse an der Moldau-Seite empfängt er seine Staatsgäste.

Von 1402 bis 1412 predigte der Reformator **Jan Hus** in der 13 **Bethlehemskapelle** *(Betlémské náměstí 5)* – als Erster in tschechischer Sprache. Bis zu 3000 Menschen, so ist überliefert, sollen gelauscht haben. Die hölzerne Kanzel ist noch zu sehen, nebst weniger erhaltener Wandmalereien aus hussitischer Zeit. Die Kapelle haben Sie fast für sich allein. Dabei hat Jan Hus seine Bedeutung für die Tschechen durchaus behalten – sein Todestag, der 6. Juli 1415, ist Nationalfeiertag.

Blühende Rosensträucher, Apfelbäume, Vogelgezwitscher nur einen Steinwurf vom Wenzelsplatz entfernt: Vom Jungmannovo náměstí gelangen Sie über eine unscheinbare Stichstraße (neben der Deutschen Bank) in den 14 **Franziskanergarten**, den fast nur Einheimische kennen. Früher Kräuterbeet für das benachbarte Kloster, heute Kurzurlaub für Prager, die sich mit Vorliebe auf den weißen Bänken niederlassen. Durchqueren Sie den Park. Wenn Sie auf der anderen Seite durch eine Einkaufspassage wieder nach draußen kommen, stehen Sie auf dem 15 **Wenzelsplatz**. Übrigens: Die kleine 16 **Konditorei Světozor** in der Passage verkauft ein Eis, das in ganz Prag gerühmt wird.

Schöne Neue Welt: Nový Svět, das ursprüngliche Prag

EIN PERFEKTER TAG MIT …

Jaroslav Rudiš

Für das Aushängeschild der jungen tschechischen Literatur ist Prag nicht nur Brücke und Burg. Sondern auch Žižkov! In diesem Stadtteil lebt und schreibt der Kultautor

Von meiner Wohnung aus sind es nur ein paar Schritte zum idealen späten Frühstück: im **Café Pavlač** *(Víta Nejedlého 23, www.cafepavlac.cz)*, das sich auf Pfannkuchen aller Art spezialisiert hat. Die esse ich am liebsten in dem zum Biergarten gewandelten Innenhof, wo ich mit Martin Becker das deutsch-tschechische Theaterstück „Exit 89" geschrieben habe. Ganze Tage saßen wir auf unserem Lieblingsplatz hinten an der Mauer – und seitdem wissen die Kellner auch, was eine Apfelschorle ist. Eigentlich gibt es die in Tschechien nämlich nicht. Nach einem langen Frühstück brauche ich Bewegung. Vielleicht klingt es seltsam, aber der Fünf-Sterne-Flanierweg von Žižkov führt ausgerechnet über einen Friedhof, **Olšanské hřbitovy** *(mehrere Eingänge, etwa Jičínská)*. Hohe Bäume, lange Alleen, das Ganze mutet wie ein Park an – und wird auch entsprechend frequentiert. Besonders von Müttern mit Kinderwagen. Ein paar hundert Meter entfernt liegt Franz Kafka begraben. Auf dem **Neuen Jüdischen Friedhof** *(Eingang von der Izraelská)* ist der Weg zu seiner schlichten Ruhestätte der einzig ausgetretene. Danach zum **Fernsehturm** *(Mahlerovy sady 1, www.tower.cz)*, an dem die Riesenbabys von Künstler **David Černý** krabbeln. Auf der futuristischen Aussichtsplattform haben wir mein erstes Fernseh-Interview aufgenommen. Ein symbolischer Ort: Dort stehe ich mitten in Žižkov und gleichzeitig weit über den Dingen. Der Blick auf Altstadt und Hradschin? Ebenso erhaben!

Die spannendste Galerie der Stadt hat sich in direkter Nachbarschaft angesiedelt, in den Räumen der früheren Hygiene-Behörde (**Hygienická Stanice**, *Italská 34, www.myspace.com/hygienickastanice)*. Ein Ort für junge, wilde Kunst. Wiederum in dessen Nähe: die Boutiquen **Flamingopark** *(Vlkova 11, www.flamingopark.cz)* und **Bohemian Retro** *(Čajkovského 22, www.bohemianretro.com)*. Fundgruben, in denen man garantiert aufstöbert, was man gar nicht gesucht hat: Schmuck, T-Shirts, Sonnenbrillen, Knöpfe, Gürtelschnallen.

Abends ins Lieblingskino. Das **Aero** *(Biskupcova 31, www.kinoaero.cz)* bietet internationale Streifen weitab vom Mainstream. Keine Angst, die meisten in Originalversion, also nicht auf Tschechisch.

Danach zum Tanzen ins **Akropolis** *(Kubelíkova 27,* siehe Seite 133*)*, wo die umschwärmten Bands des Landes spielen. Der Klub liegt im Keller und ähnelt einem Labyrinth, das Restaurant im Erdgeschoss einem surrealistischen Gemälde. Leider ist das Essen seit dem Pächterwechsel nicht mehr gut. Deshalb zum Schluss noch auf einen Absacker ins **Bukowski's** *(Bořivojova 86)*. Die Bar ist eine Wucht und – seit sie eröffnet hat – zum Nabel von Žižkov geworden.

→

⓱ **Assicurazioni Generali,** noch immer prangt der Schriftzug an der frisch renovierten Fassade von Haus Nummer 19 am Wenzelsplatz. Hier, in den Büros der einstigen Versicherung, ist der Jahrhundertschriftsteller **Franz Kafka** am Leben verzweifelt. Ein paar Monate hat er es nur ausgehalten; Monate, die prägend waren für sein Werk. Heute arbeitet eine neue Generation von Büroangestellten in dem schicksalsträchtigen Bau, eine Besichtigung ist leider nicht möglich.

Die ⓲ **Hauptpost**: Auch wenn sie von außen wie eine x-beliebige Postfiliale aussieht, treten Sie durch die automatischen Glastüren *(Jindřišská 14)* ein – und Sie werden staunen. Das Gebäude ist unlängst renoviert und zu einem hochmodernen Lichthof gewandelt worden. Zur Freude der Einheimischen gehören nun auch die früher üblichen Warteschlangen der Vergangenheit an.

Von der Terrasse des nahen ⓳ **Nationalmuseums** *(Václavské náměstí 68, www.nm.cz)* haben Sie den ganzen Wenzelsplatz im Blick, an dem sich seit Generationen das politische Schicksal der Tschechen entscheidet – zuletzt bei den Massendemonstrationen 1989. Wenn Sie zum Fuß der Treppe schauen, finden Sie ein Mahnmal: Das gewellte Kreuz, das in die Pflastersteine eingelassen wurde, erinnert an den Studenten **Jan Palach**. Er hat sich im Januar 1969 an dieser Stelle verbrannt (siehe auch Seite 68).

Lassen Sie den Spaziergang in einer Seitenstraße enden: Das ⓴ **Café Vesmírna** (*Ve Smečkách 5*) ist ein wundervoller Ort, hinter dem eine gemeinnützige Initiative steht. An der Bar und im Service arbeiten Behinderte. Damit ist das Vesmírna auch ein Symbol für den gesellschaftlichen Wandel: Im Kommunismus blieben Behinderte versteckt, heute kümmern sie sich gleich neben dem Wenzelsplatz mit Hingabe um ihre Gäste.

DAS UNENTDECKTE PRAG

Vom Karlsplatz aus durch das **Klinikviertel** ins noble **Vinohrady** und dann auf den Felsen **Vyšehrad**, wo die Stadt ihre historischen Wurzeln hat – dieser Spaziergang führt durch das unentdecktere Prag. **START: Ecke Vyšehradská-U Nemocnice,** Straßenbahnhaltestelle Moráň (Linien 3, 4, 10, 14, 16, 18, 24). Für die 7,4 Kilometer sollten Sie einen ganzen Tag einplanen. Der Spaziergang lässt sich abkürzen, die Straßenbahn verläuft teilweise parallel zur Route.

Dass ihr Putz bröckelt, macht den Charme der Kirche ❶ **St. Johannes Nepomuk auf dem Felsen** aus. Sie ist nur von außen zu besichtigen – oder sonntags: Um 11 Uhr feiert die deutschsprachige Gemeinde von Prag ihren katholischen Gottesdienst und freut sich über Verstärkung *(Vyšehradská, www.kathprag.cz)*. Der einzig geöffnete Seiteneingang ist schwer zu finden, Sie müssen durch ein Tor an der Kreuzung Karlovo náměstí-Vyšehradská gehen.

Auf das ❷ **Emmaus-Kloster** in derselben Straße fiel im Zweiten Weltkrieg eine der wenigen Bomben, die Prag getroffen haben. Was in den 1960er Jahren an Stelle der teilweise zerstörten Kirche emporwuchs, ist bis heute Diskussionsthema. Sie haben die beiden seltsam verdrehten Türme bei Ihrem Spaziergang oft genug im Blick, um sich eine eigene Meinung zu bilden. Gehen Sie vor dem Kircheneingang ans Geländer der Terrasse: Hier bietet sich eine ungewohnte Perspektive auf die Innenstadt.

Im ❸ **Alten Botanischen Garten** *(Na slupi 16)* dürfen die Pflanzen wachsen, wie sie wollen: Er ist Experimentierraum für Botanik-Studenten. Erwarten Sie also keinen getrimmten Rasen, sondern üppig sprießende Natur.

Hang zum Wein: die letzten Rebstöcke von Vinohrady

Das ruhigste Plätzchen findet sich etwas abseits des Rundweges: vom Eingang an immer rechts halten, und Sie entdecken eine Tür in der Mauer, die in den Farn-Garten führt. Auch das alte Gewächshaus, das für ein paar Kronen zu besichtigen ist, hat wenig gemein mit auf Show getrimmten Tropenausstellungen – und entfaltet gerade deshalb seinen Reiz.

An einen Palast erinnert die ❹ **Gynäkologische Klinik** *(Apolinářská)*. Oder aber, der dunklen Backsteinfassade wegen, auch an ein Spukschloss. Tatsächlich ist die Klinik ein architektonisches Kuriosum: Hinter Tür Nummer 18 verbirgt sich eine Eingangshalle, die öffentlich zugänglich ist. Hier sind Sie mittendrin im Uniklinik-Komplex, der sich bis zum Karlsplatz zieht. Auf Dutzende Gebäude ist eine der ältesten medizinischen Fakultäten Mitteleuropas verteilt – ihre Wurzeln reichen zurück bis zur Gründung der Karls-Universität anno 1348. Die besondere Atmosphäre spüren Sie vor allem an den **Klinik-Palästen** der Studničková. Sie sind über eine Treppe erreichbar, die zwischen den Häusern 8 und 12 an der Apolinářská liegt.

Bei der ❺ **Villa Amerika** *(Ke Karlovu 20, Tel. 224 918 013)* handelt es sich um eines der wenigen nichtsakralen Werke des Barockbaumeisters Kilian Ignaz Dientzenhofer. In dem einstigen Wohnhaus haben Verehrer von **Antonín Dvořák** schon 1932 ein Museum für ihr Idol eingerichtet. Die Ausstellung ist karg, aber den Garten sollten Sie gesehen haben – dafür müssen Sie nicht einmal Eintritt zahlen. Wenn Sie tiefer eintauchen möchten in die Welt des Komponisten: Nach den Öffnungszeiten gibt es in der Sommersaison beinahe private **Konzerte** im Salon des Hauses. Ver-

anstalter ist **Originální hudební divadlo Praha**, *Tel. 281 932 662, www.musictheatre.cz, Di und Fr um 20 Uhr.*

Das Denkmal von **Karl IV.** im baumbestandenen Hof erinnert an den Gründer der Klosteranlage um die ❻ **Karlskirche** (*Ke Karlovu 1, So 14–16.30 Uhr*). Deren Konstruktion ohne Stützpfeiler, die beim Umbau im 16. Jahrhundert entstand, galt damals als Wunderwerk. Es gingen sogar Gerüchte, der Baumeister habe einen Pakt mit dem Teufel geschlossen. Das **Polizeimuseum**, das heute in den Klosterräumen nebenan untergebracht ist, können Sie sich sparen – es sei denn, Sie haben ein Faible für sozialistische Museumspädagogik.

Die Gründerzeit-Häuser rund um die ❼ **Kreuzung Americká-Záhřebská** sind derart aufwendig saniert worden, dass es die Bewohner von **Vinohrady** wieder wagen, ihren großbürgerlichen Lokalpatriotismus zu pflegen. Die Pausenplätze der Wahl sind das ❽ **Café Medúza** mit seinen wild zusammengewürfelten Antiquitäten (*Belgická 17, www.meduza.cz*) oder das französisch angehauchte ❾ **Passepartout** (*Americká 20, www.passepartout.cz*).

Der ❿ **Havlíček-Park** verbindet das noble Vinohrady mit den Arbeitervierteln **Nusle** und **Vyšehrad**. An den Straßen Koperníkova und U Havlíčkových

sadů stehen die prächtigsten Bürgerhäuser, auf der anderen Seite dominieren graue Mietsbunker. Im Park wird deutlich, weshalb das Viertel Vinohrady heißt: Weinberge. Einst wuchsen auf den Hügeln Rebstöcke, bis sie dem Bauboom der Gründerzeit weichen mussten. Nur im Park hat die Tradition überdauert. Im ⓫ **Wein-Pavillon** (*www.vinicni-altan.cz*) ist der letzte Wein von Vinohrady zu kosten.

Unter Immobilienhändlern gilt ⓬ **Náměstí Bratří Synků** als Vinohrady von morgen: Imposante Fassaden zeugen von früherem Glanz, die Patina von jahrzehntelanger Vernachlässigung. Hier sehen Sie den Urzustand Prags aus der Vor-1989-Zeit. Die Einheimischen treffen sich gern in der Kneipe ⓭ **Zlý Časy** (*„Schlechte Zeiten", Čestmírova 5, www.zlycasy.eu*). Deren Inhaber ist Bier-Liebhaber und schenkt neben klassischem Gebräu auch immer wieder die Erzeugnisse von Kleinstbrauereien aus.

Der mythischste Ort für Prager ist der ⓮ **Vyšehrad**. In der Festungsanlage über dem markanten Knick der Moldau stand der Überlieferung nach zu Urzeiten **Fürstin Libuše** und blickte zu Tal. „Ich sehe eine große Stadt, deren Ruhm bis zu den Sternen reichen wird", prophezeite sie lange vor der Gründung Prags. Schauen Sie sich die ⓮ **Kasematten** an: In den unterirdischen Räumen können Sie **Originalstatuen der Karlsbrücke** bestaunen (*www.praha-vysehrad.cz*). Auf der Brücke selbst wurden sie durch Repliken ersetzt.

Sehenswert auch der ⓯ **Heldenfriedhof**, auf dem die großen Söhne und Töchter des Landes beigesetzt sind. Heute gibt es nur noch ein einziges freies Grab. Es liegt direkt neben dem von Nationalkomponist **Bedřich Smetana** und wird deshalb nicht vergeben.

Huldigt dem Sohn eines Fleischers: das Dvořák-Museum

EIN PERFEKTER TAG MIT …

Lucie Černohousová

Sie hat das Prager Literaturhaus deutschsprachiger Autoren (siehe Seite 98) als Geschäftsführerin fest in der tschechischen Kulturszene verankert. Kein Wunder, dort kennt sie sich bestens aus

Mein perfekter Tag startet im **Café Kaaba** (*Mánesova 20, www.kaaba.cz*) bei einem Brunch mit Freunden. Sobald ich nach dem ersten Tee richtig wach bin, habe ich Augen für die Umgebung: Das Café sieht aus wie ein Museum für Sechziger-Jahre-Design, das sich irgendwie in die Gründerzeit-Idylle des Stadtteils Vinohrady geschmuggelt hat. Hier werden schon zum Frühstück **Topinky** serviert, diese typisch tschechischen Graubrotscheiben mit geriebenem Käse, Tomaten und jeder Menge Knoblauch. Danach ist die **Leica Gallery** (*Školská 28, www.lgp.cz*) unweit des Wenzelsplatzes der Ort meiner Wahl. Durch ein kleines Café mit stuckverzierten Decken gelangt man in betont nüchterne Ausstellungsräume. Ein interessanter Kontrast; hier soll nichts von den ausgestellten Fotografien ablenken, die ohne Zweifel Spitzenklasse sind. Immer donnerstags (19 Uhr) laden die Museumsmacher einen Fotografen zum Gespräch. Sehr interessant.
Um selber Fotos zu machen, ist eine Schiffstour auf der Moldau ideal. Direkt an der Karlsbrücke starten die Boote von **Pražské Benátky** (*www.prazskebenatky.cz*). Anlegestelle: Křižovnické náměstí auf der Altstadtseite. Die Route führt unter der Brücke hindurch, auf dem Čertovka-Kanal einmal um die Insel Kampa herum und zurück. Freunde haben mir das neulich gezeigt, und seitdem sehe ich Prag mit anderen Augen – obwohl ich schon Jahre hier lebe. Bei der Gelegenheit habe ich auch das **Karlsbrücken-Museum** entdeckt (*Křižovnické náměstí, www.muzeumkarlovamostu.cz*). Im Inneren ist sogar noch ein Pfeiler der Judithbrücke zu sehen, an deren Stelle sich seit 1357 die Karlsbrücke über den Fluss spannt. Zum Essen sind es bloß ein paar Schritte. Im **Arzenal** (*Valentinská 11, Tel. 224 814 099, www.arzenal.cz*) kommen asiatische Gerichte auf den Tisch. Dennoch ist die Adresse mehr Galerie als Restaurant, man sitzt zwischen fantastischen Glaskreationen! Sie stammen von **Bořek Šípek**, der unter Václav Havel für die Kunst auf der Prager Burg verantwortlich war. In keine der Preziosen vergucken, die guten Stücke kann man kaufen – und das geht ins Geld.
Anschließend ins **Theater Komedie** (*Jungmannova 1, www.divadlokomedie.cz*). Mit dessen jungem Ensemble teile ich eine Vorliebe: jene für deutschsprachige Autoren. Schön, dass Schauspieler und Zuschauer nach der Vorstellung oft noch in der hauseigenen Cafeteria zusammensitzen. So lange, bis es allerhöchste Zeit ist, ins Bett zu gehen.

Lassen Sie Ihren Spaziergang am ⓰ **nordwestlichen Zipfel der Festungsanlage** enden: mit einem Blick über die Altstadttürme bis hin zum Hradschin! Zwischen 13 und 20 Uhr weht der Wind immer zur vollen Stunde das Glockenspiel der **Peter- und Paulskirche** herüber, jedes Mal eine andere Melodie. Wenn Sie Glück haben, hören Sie Auszüge aus Smetanas Opus magnum: die „Moldau". Nirgends wirkt das erhabener als hier. →

TSCHECHIEN HOCH DREI

Sie glauben, Prag sei die einzige Schokoladenseite des Landes? Dann ist Ihnen der Rest bisher schlicht entgangen. Wir verraten, wo das Nachsehen besonders lohnt

ROUTE 1: SÜDBÖHMEN

Südböhmen ist eine Landschaft wie für Könige: Ketten sanfter Hügel gehen allmählich in den **Böhmerwald** über, die **Moldau** windet sich durch Täler, auf fast jeder Anhöhe thront ein Schloss. Auf dieser Tour erfahren Sie, was die Gegend im Dreiländereck Tschechien, Deutschland und Österreich außerdem adelt. **ROUTE:** von Jindřichův Hradec zunächst in Richtung Nordwesten nach Červená Lhota, dann südwärts nach České Budějovice und Český Krumlov. **LÄNGE:** rund 100 Kilometer. Zwei bis drei Tage einplanen.

Aus jeder Perspektive eine Stadtschönheit: Český Krumlov

1 JINDŘICHŮV HRADEC

Wer sich in der **Burganlage** von **Jindřichův Hradec** ins Gartenrondell stellt, so will es eine Legende aus dem 16. Jahrhundert, der fühlt sich wie im Himmel. Schlösser-Fans dürften zumindest selig sein: Bei dem Komplex handelt es sich immerhin um die drittgrößte geschlossene Burganlage des an Burgen nun wahrlich reichen Landes. Ihre Fassaden sind über und über mit Sgraffiti verziert, einer aufwendigen Putztechnik. Seit dem Mittelalter kursiert das Gerücht, dass ein Gespenst durch die verlassenen Flure wandelt: die Weiße Frau, die der Geist der einstigen Schlossherrin **Perchta von Rosenberg** sein soll. Sie lebt – Schauspielern sei Dank – zwischen 27. Juli und 25. August jeden Freitag und Samstag nach Anbruch der Dunkelheit eindrucksvoll wieder auf. Ein fast einstündiges Programm, leider nur auf Tschechisch, aber die deutsche Übersetzung lässt sich mitlesen. Unbedingt reservieren: *Tel. 603 248 491, www.akaska.cz/?page=111.*

Natürlich ist **Absinth** inzwischen entschärft. Einst war die grüne Spirituose bei Van Gogh, Picasso und Co. beliebt, weil sie mit ihren hohen Thujon-Gehalt für psychedelische Ausnahmezustände gesorgt haben soll. Über Jahrzehnte hinweg genau deshalb verboten, erlebt sie heute ihre Renaissance. Diese geht von Jindřichův Hradec aus, der mitteleuropäischen Absinth-Hauptstadt. In der **Mlýnská 121** hat der bekannteste Hersteller seinen Sitz: die **Firma Hill**. Und natürlich gibt es einen Fabrikladen *(Mo–Fr 8–16.30 und Sa 8.30–11.30 Uhr).*

2 ČERVENÁ LHOTA

Aus dem Disneyland scheint es zu stammen, das **Märchenschloss** zehn Kilometer nordwestlich von Jindřichův Hradec. In Bonbonrot bemalt, steht es inmitten eines künstlich angelegten Teiches – und galt schon im 17. Jahrhundert als Kuriosität. Damals bekam der Renaissancebau seinen roten Anstrich. Bei schönem Wetter sollten Sie eine **Bootstour** auf dem See oder einen **Spaziergang** im englischen Park der Führung durch die historisch wenig interessanten Innenräume vorziehen.

3 ČESKÉ BUDĚJOVICE

Der zentrale Marktplatz von **Budweis** lässt sich komplett in einem Arkadengang umrunden. Und einen Rekord hält er obendrein – es ist der größte des Landes, 150 mal 150 Schritt. Ach so: Das bekannte **Bier** gibt es in Budweis ebenfalls, auch die weltberühmte **Brauerei** einige Kilometer außerhalb der Stadt kann besichtigt werden: *Karolíny Světlé 4, Tel. 387 705 341, www.budvar.cz, April bis Oktober tägl., sonst Di–Sa.* Im Zentrum schmeckt das Gebräu in der Schänke **Budvarka** *(Karla IV. 8–10, Tel. 386 360 471, www.malypivo var.cz)* am besten; derbe Holzbänke, an der Decke alte Kupferrohre und sämtliche Budweiser-Sorten vom Fass. Frischer geht

Seen-Reich: die künstliche Teichlandschaft um Třeboň

es nicht: Die Kneipe gehört zur Budweiser-Brauerei.

4 ČESKÝ KRUMLOV

Fahren Sie aus Richtung Osten über die **Kaplická** in die Stadt, die viele die schönste des ganzen Landes nennen. Dann öffnet sich immer wieder der Blick auf das Schloss hoch über der scharfen Moldau-Biegung – und gewährt einen Vorgeschmack auf das Ensemble aus Häusern und Kopfsteinpflaster-Gassen, das einem Freilichtmuseum gleicht. Nicht von den Souvenirläden abschrecken lassen! Gehen Sie in die kleinen Stichstraßen – zum Beispiel in die weitgehend autofreie **Rybářská**. Einige der Cafés und Restaurants dort, wie das **Rožmberská bašta** *(Hausnr. 4, Tel. 380 715 075, www.rozmberskabasta.cz)*, haben rückseitig schmale Terrassen, auf denen die Gäste über der Moldau schweben. Wenn Sie den Massen entkommen wollen: **Krumlov Experience** (*Tel. 380 714 402, www.krumlovexperience.com)* bietet außergewöhnliche Führungen.

Schiele-Museum: Dass **Egon Schiele** in Český Krumlov verehrt wird, ist ein bemerkenswertes Phänomen: Als der Expressionist nach seinem Abschluss an der Wiener Kunstakademie in die Stadt zog, wurde er schnell angefeindet – und zog wieder fort; zu freizügig waren seinen Nachbarn die Bilder, die er malte. Heute haben sie dem verkannten Malgenie ein spektakuläres Museum gewidmet, eingerichtet in der früheren Stadtbrauerei: *Široká 70–72, www.schieleartcentrum.cz, Di–So 10–18 Uhr.*

Die **Schlossanlage** von **Český Krumlov** ist über die Jahrhunderte so sehr gewachsen, dass deren Baumeister kurzerhand auf der **Talbrücke** weiterbauen ließen, die in mehr als 20 Meter Höhe über den Burggraben führt. Der Blick von dort oben auf die sich unten windende Moldau ist ganzjährig einer der größten Momente jeder Reise; im Sommer können Sie zudem noch herzlich über Kanufahrer lachen, die reihenweise in den **tückischen Stromschnellen** unter Ihnen kentern. Sollten Sie es selbst versuchen wollen: siehe Seite 97.

NOCH NICHT GENUG?

Das nahe 5 **Frymburk** ist Ausgangspunkt für Erkundungstouren rund um den bei Tschechen beliebten **Lipno-See**, zu dem die Moldau über 48 Kilometer Länge hinweg aufgestaut wird: „Hier heiraten der dichte Wald und das große Wasser", heißt es. Sollte das imposante Wasserkraftwerk interessieren: In 6 **Lipno** hilft ein Informationszentrum *(neben der Staumauer, Tel. 380 746 621, 15. Juni bis 15. September tägl. 10–16 Uhr)*. Ebenfalls ein Eins-a-Abstecher: 7 **Třeboň**, inmitten einer künstlichen Teichlandschaft. Um den **Svět** führt ein zwölf Kilometer langer Lehrpfad. Thema: Wie die Gegend im Laufe der Jahrhunderte zum Zentrum der tschechischen Fischerei geworden ist. Die ungezählten Teiche, von denen mehrere rund hundert Hektar messen, decken spielend den Karpfen-Bedarf des Landes. Als bestes Fischrestaurant der Stadt gilt **Šupina & Šupinka** *(Valy 155, Tel. 384 721 149, www.supina.cz)*. Und der barocke Kern des nahen Renaissance-Städtchens 8 **Slavonice** ist so gut erhalten, dass der Ort als Anwärter auf einen Weltkulturerbe-Titel der UNESCO gilt. Heute liegt Slavonice am Kreuzungspunkt zahlreicher **Radwanderwege**. Informationen zu Touren und Fahrradverleih: **Turistické informační centrum**, *Tel. 384 493 320, www.slavonice-mesto.cz.*

ROUTE 2: OSTMÄHREN

Eine Tour der Superlative am östlichsten Zipfel von Tschechien: Aus dem kleinen Ort **Kroměříž** wollten ehrgeizige Fürsten einst eine Barockstadt historischen Ausmaßes machen, im benachbarten **Zlín** entstand gute zwei Jahrhunderte später mit der Industrialisierung das fortschrittlichste Wirtschaftszentrum seiner Zeit. Die Überbleibsel aus beiden Epochen sind imposant – und sie geben im Zeitraffertempo eine Ahnung von der jüngeren Geschichte Tschechiens.
ROUTE: von Zlín in Richtung Westen nach Kroměříž. **LÄNGE:** rund 25 Kilometer. Bei straffem Tempo ist das Programm an einem Tag zu schaffen; besser aber, Sie nehmen sich zwei.

9 ZLÍN

Die wenig spektakuläre Kleinstadt Zlín wurde zu Beginn des 20. Jahrhunderts zum städtebaulichen Versuchsfeld. Schuh-

Hier trieb es ein bauwütiger Bischof besonders bunt: Barockgarten von Kroměříž

Der Streber unter den tschechischen Gotteshäusern: St.-Barbara-Kathedrale in Kutná Hora

baron **Tomáš Baťa**, der größte Sohn der Stadt und zu seiner Zeit einer der reichsten Tschechoslowaken, krempelte seine Heimat komplett um. Das **Baťa-Haus**, mit gut 77 Metern einer der ersten Wolkenkratzer Europas, bietet Einblick ins Imperium der strengen Patriarchen: *Třída Tomáše Bati, Tel. 577 043 111, tägl. 10–17 Uhr mit einer Stunde Mittagspause*. Interessant: Baťas Bruder hatte seinen Schreibtisch in einen riesigen Aufzug bauen lassen. So konnte er auf jeder Etage seines Wolkenkratzers die Arbeiter kontrollieren, ohne sich auch nur vom Stuhl zu erheben. Dass es abgesehen von diesem Auf und Ab im Leben der Familie nur steil nach oben ging, haben die Baťas dem Ersten Weltkrieg zu verdanken; Tomáš Baťa kam mit dem österreichischen Kaiser ins Geschäft, der 1914 innerhalb kürzester Zeit seine gesamte Armee mit Militärstiefeln ausrüsten musste. Baťa war der Einzige, der den Auftrag annehmen konnte: Er hatte die amerikanische Autobranche kennengelernt, übertrug das Prinzip auf Schuhe – und baute von Zlín aus ein weltumspannendes Imperium auf. Das Fahrstuhl-Büro ist heute Teil der Ausstellung in Baťas einstiger Firmenzentrale.

Baťa-Siedlung: Wie eine Mustersiedlung sehen die Häuschen im Schatten des Wolkenkratzers aus: Tomáš Baťa ließ sie für seine Angestellten errichten. Der Chef habe sich selbst um seine Mitarbeiter zu kümmern, war sein Credo. Gewerkschaften dagegen lehnte er strikt ab. Eines der Häuser kann besichtigt werden: *Nad Ovčírnou 1295, Tel. 577 004 618*. Von hier aus ins einstige **Firmenareal** – und zu Haus Nummer 1: das **Schuhmuseum**, *Obuvnické muzeum, Tel. 577 522 225*. Ein Hoch auf die glorreiche Zeit!

⑩ KROMĚŘÍŽ

Kroměříž und Zlín trennen keine 30 Kilometer – und doch ganze Welten. Nach dem Dreißigjährigen Krieg wollte Bischof **Karl II. von Liechtenstein-Kastelkorn**, Spross eines der reichsten Geschlechter der damaligen Zeit, Kroměříž in eine Stadt verwandeln, die es in baulicher Pracht mit Wien aufnehmen konnte. Ein ungeheuerlicher Plan, an dem der renommiersüchtige Adelige zeit seines Lebens festhielt. Erreicht hat er sein Ziel nie, aber auch sein Bemühen hat die Stadt zu etwas Besonderem gemacht.

Erzbischöfliches Schloss: Nur per offizieller Führung geht es hinein in die überaus prächtigen historischen Räume *(Sněmovní náměstí 1, www.azz.cz)*. Der **Reichstagssaal** gilt als eines der kostbarsten Rokoko-Kleinodien weltweit. Auf die heikelste Frage allerdings gibt es während des Rundgangs nur eine vage Antwort – darauf, warum im **Schlafzimmer** des weltlichen Bischofs von Liechtenstein-Kastelkorn ein Doppelbett steht. Die offizielle Lesart: Er bekam des Öfteren Besuch von seinen Eltern, und nur für die war das Bett gedacht.

Was für ein Garten neben dem Schloss! Tausende Blüten, perfekt gestutzte Hecken und überall das Plätschern von Springbrunnen – es sollte ein Paradiesort werden, und der barocke **Lustgarten** *(Květná zahrada, Generála Svobody, www.azz.cz)* kommt dem tatsächlich nahe. Zehn Jahre dauerte es, bis das Areal zur Zufriedenheit des prunksinnigen Auftraggebers geraten war. Den besten Blick auf des Bischofs Himmelsreich hat man vom Dach der herrschaftlich-weißen **Kolonnaden**. Allerdings frühestens ab Mitte Mai, erst dann wird die Wintervegetation gegen sommerliche Pracht getauscht.

ROUTE 3: OSTBÖHMEN

Zu Knochenmännern führt diese Tour, zu ganzjährig beliebten Lebkuchen und zu zeitgenössischer Kunst. Der **Osten Böhmens** ist die wohl abwechslungsreichste Gegend Tschechiens – mit Residenzstädten, moderner Architektur und den verrückten Felsnadeln des **Böhmischen Paradieses**. Verbinden Sie all das. **ROUTE:** von Kutná Hora über Pardubice nach Hradec Králové. **LÄNGE:** rund 70 Kilometer. Ein Tag, besser zwei.

⑪ KUTNÁ HORA

Nichts für Zartbesaitete: An der Decke eines Kellergewölbes unweit von Kutná Hora pendelt ein bizarrer Leuchter, der an ineinandergefädelten Schlüsselbeinen aufgehängt ist; Kerzen stehen auf Hüftknochen, an denen wiederum Unterarmknochen hängen. Im **Beinhaus** von ⑫ **Sedlec** *(Zámecká 127, www.kostnice.cz)* sind die sterblichen Überreste von rund 40 000 Toten aufgetürmt, mehr noch: Oft sind diese zu filigransten Kunstwerken zusammengefügt – ein schauriges Memento mori (siehe Seite 23). Nach Pestepidemie und Hussitenkriegen reichte im Mittelalter der Platz auf dem örtlichen Friedhof nicht mehr, weshalb Mönche mit der ungewöhnlichen Umbettung für Abhilfe sorgten.

Wer das Türschild liest, vermutet keinerlei Abenteuer dahinter: „České muzeum stříbra", **Tschechisches Silbermuseum**, steht am Kastell in der Altstadt. Nicht umkehren! Schätze aus der Tiefe haben Kutná Hora einst zu einer der landesweit reichsten Städte gemacht. Hinter der Tür werden Schutzkittel und Helm gereicht – für eine Tour durch die alten **Silberminen** unter der Stadt. Im Gangsystem wird es sehr eng, bei Raumangst lieber über Tage bleiben. Für deutschsprachige Führungen Termin vereinbaren: *Barborská 28, Tel. 327 512 159, www.cms-kh.cz, tägl. außer Mo.*

Barbara-Kathedrale: Ein steinernes Statussymbol wollten die Bürger von Kutná Hora errichten, eine Kathedrale, gegen die selbst der Prager Veitsdom wie eine Kapelle aussehen würde. Einen der besten Sakralarchitekten engagierten sie dafür, **Peter Parler**. Und obwohl der Bürgerschaft dann doch das Geld ausging, ist der spätgotische Bau atemraubend geworden in Dimension und Ausschmückung. Und das mit dem Statussymbol hat auch noch geklappt, wenn auch mit Verspätung: Seit 1995 steht das historische Zentrum auf der UNESCO-Welterbeliste.

⑬ PARDUBICE

In Pardubice dreht sich alles um den *perník*, einen Lebkuchen, der hier das ganze Jahr über in Herzform, als Plätzchen und in beinahe jeder anderen erdenklichen Gestalt gegessen wird. Eine der ältesten Firmen, die sich auf Perník spezialisiert hat, ist die **Bäckerei Janoš**. Verkaufsstelle in der **K Polabinám 1895** – ein kleiner, auf den ersten Blick nicht ansprechender Laden. Dennoch reingehen, die Auswahl ist überwältigend!

Marktplatz: Am **Pernštýnské náměstí** ist Pardubice am bezauberndsten; umgeben von den prachtvollen Sgraffiti-Fassaden werden Sie rasch den Eindruck vergessen, den Sie bei der Anreise durch industrielle Vorort-Tristesse gewonnen haben. Ein Höhepunkt ist auch das **Theater**, einen Straßenblock entfernt *(Východočeské divadlo Pardubice, U Divadla 50, www.vcd.cz)*. Die Mosaike auf seiner Jugendstil-Fassade stammen aus der Blütezeit der Nationalbewegung und zeigen entsprechend patriotische Motive – etwa die sagenumwobene **Fürstin Libuše** bei der Gründung der Stadt Prag.

Sinfonie in Sandstein: Český ráj, das Böhmische Paradies

⑭ HRADEC KRÁLOVÉ

Ein perfekter Stadtrundgang durch Hradec Králové muss am **Ostböhmischen Museum** *(Muzeum východních Čech, Eliščino nábřeží 7, www.muzeumhk.cz)* beginnen, direkt am Elbufer. Es ist ein früher Paradebau des tschechischen Kubismus, gestaltet ab 1909 nach den Plänen von Jan Kotěra, einer der Galionsfiguren der hiesigen Architektur. Vergessen Sie die landeskundliche Sammlung, schon der **Hörsaal** im Erdgeschoss ist den kleinen Eintritt wert. Und natürlich das **Arbeitszimmer** des einstigen Direktors, dessen Geheimfächer stark an einen James-Bond-Film erinnern. Wenn Sie den Aufseher fragen, wird er Ihnen mit Vergnügen sämtliche Klapp- und Ausziehmechanismen vorführen.

Noch ein Museum und wieder ein besonderer Tipp: Am Hauptplatz von Hradec Králové ist in der **Galerie der modernen Kunst** *(Galerie moderního umění, Velké náměstí 139–140, www.galerie hk.cz)* die landesweit beste Sammlung zeitgenössischer tschechischer Malerei untergebracht. Selbst **Václav Havel** hat sich hier zu seiner Zeit als Präsident für das Büro auf der Prager Burg bedient. Wenn Sie unter der Woche kommen, dürften Sie allein sein – so ungestört ist musealer Kunstgenuss selten.

Ulrichovo náměstí: Das Zentrum der **Neustadt**, ist für Architekturkenner definitiv noch interessanter als der historische Part von Hradec Králové. Nirgendwo in Tschechien stehen derart viele kubistische und funktionalistische Gebäude auf engstem Raum. Sogar die **Verwaltungshäuser**, in denen heute unter anderem eine Bank und die örtliche Polizei untergebracht sind, fallen als architektonische Juwelen auf, ebenso ein **Schulkomplex** *(V Lipkách)*, ein **Parkhaus** *(Průmyslová)* und eine dreieckige **Kirche** *(Ecke Nerudova, V Lipkách)*.

ERWEITERUNG

Knapp 50 Kilometer nordwestlich von Hradec Králové beginnt das ⑮ **Böhmische Paradies** – ein Naturschutzgebiet, in dem man sich der bizarren Sandsteinformationen wegen auf den Mond versetzt fühlt. Auf dem Weg dorthin: in ⑯ **Jičín** halten. Hier hatte einst der berühmte Feldherr **Albrecht von Wallenstein** sein Hauptquartier. Gute Startpunkte für die eigene Wanderung durch die zauberhafte Umgebung: die ⑰ **Prachower Felsen** oder das ⑱ **Schloss Hrubá Skála**. Information für das Böhmische Paradies: *Tel. 481 540 253, www.cesky-raj.info;* für Jičín, *Tel. 493 534 390, www.jicin.cz.* ■

Kilian Kirchgeßner

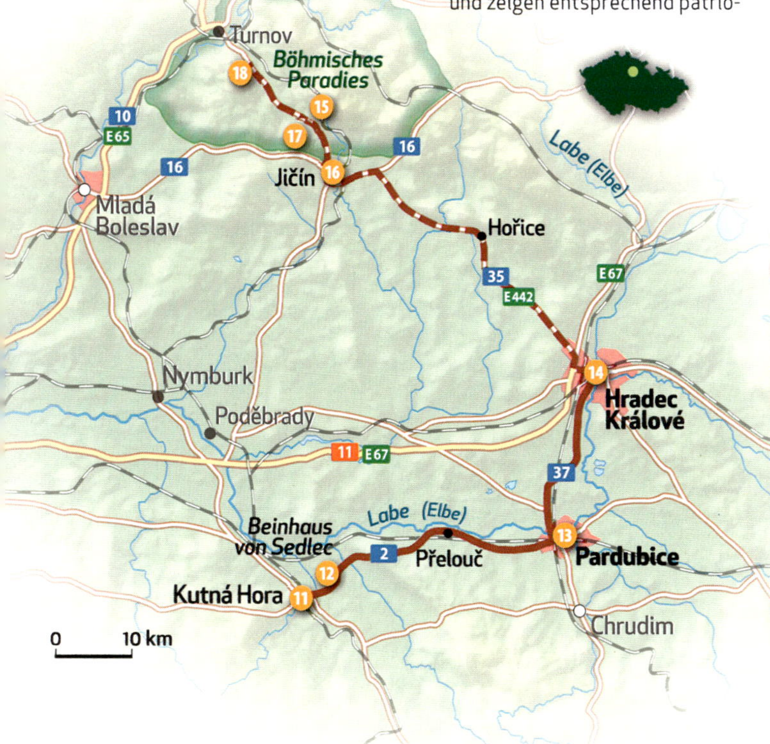

Dresden
Pirna
Elbe
Bad Schandau
Chemnitz
Zwickau
Šluknov
Rumburk
Schwejks Geschwister Seite 54
Nationalpark České Švýcarsko (Böhmische Schweiz)
Pravčická brána (Prebischtor)
Varnsdorf
Frýdlant
Hrádek nad Nisou
Chřibská
Děčín
Gefährliches Gefälle Seite 124
Nový Bor
Liberec
Česká Lípa
Jablonec nad Nisou
Tanvald
Krupka
Ústí nad Labem
Labe
Burg Střekov
Teplice
Železný Brod
DEUTSCHLAND Sachsen
Hora Svaté Kateřiny
Krušné hory (Erzgebirge)
Litvínov
Bílina
Česká brána (Porta Bohemica)
Doksy
Turnov
Český ráj
Schloss Hrubá Skála
(Böhmisches Paradies)
Jirkov
Most
Lovosice
Litoměřice
Štětí
Chomutov
Klínovec 1244 m
Erinnerung auf Schritt und Tritt Seite 117
Schloss Roudnice
Roudnice nad Labem
Wallenstein-Allee
Jičín
Mladá Boleslav
Jáchymov
Kadaň
Klášterec nad Ohří
Ohře (Eger)
Říp 455 m
Mělník
Schloss Mcely
Kraslice
Ostrov
Žatec
Louny
Benátky nad Jizerou
Chodov
Karlovy Vary (Karlsbad)
Schloss Nelahozeves
Neratovice
Rehau
Aš
Skalná
Sokolov
Podbořany
Slaný
Kralupy nad Vltavou
Brandýs nad Labem
Nymburk
Františkovy Lázně (Franzensbad)
Das Quellwerk ab Seite 102
Nové Strašecí
Kladno
Lidice
PRAHA (PRAG)
Labe (Elbe)
Čelákovice
Poděbrady
Kynšperk nad Ohří
Rakovník
Jägerin des verlorenen Schatzes ab Seite 98
Cheb (Eger)
983 m
Střela
Schutzgebiet Křivoklátsko
Hostivice
Kolín
Schwejks Geschwister Seite 50
Lázně Kynžvart
Mariánské Lázně (Marienbad)
Umbruch in Nahaufnahme ab Seite 60
Beinhaus von Sedlec
Berounka
Beroun
Schlosspark Průhonice
Zukunft findet Stadt ab Seite 32
Kutná Hora
Brauerei Chodová
657 m
Králův Dvůr
Čáslav
Planá
Schwejks Geschwister Seite 51
Burg Karlštejn
Sázava
Hořovice
Burg Český Šternberk
Český les (Oberpfälzer Wald)
901 m
Tachov
Mže
Plzeň (Pilsen)
Stříbro
Schloss Dobříš
Dobříš
Týnec nad Sázavou
Benešov
Waldthurn
Klaster Kladruby
Nýřany
Rokycany
Vltava (Moldau)
Ledeč nad Sázavou
Wenn Herr Müller mit Herrn Novak Seite 122
Brdy
864 m
Příbram
Schloss Jemniště
Vlašim
Sedlčany
Dobřany
Světlá nad Sázavou
Hostouň
Přeštice
Úhlava
Humpolec
723 m
Domažlice
Pacov
Blatná
Tábor
Kdyně
Klatovy
Milevsko
Pelhřimov
Čerchov 1042 m
Sezimovo Ústí
765 m
Horažďovice
Českomoravská (Böhmisch-
Nýrsko
Písek
Bechyně
Červená Lhota
Šumava
Strakonice
Soběslav
Bayerischer Wald
Otava
Sušice
Lodhéřov
837 m
Telč
1065 m
Týn nad Vltavou
Protivín
Veselí nad Lužnicí
Jindřichův Hradec
1456 m
Železná Ruda
Nationalpark Šumava
Vodňany
Tschechien hoch drei Seite 138
Dačice
Regensburg
Vimperk
1315 m
1362 m
Prachatice
Slavonice
Třeboň
Biosphärenreservat Šumava
České Budějovice (Budweis)
Moldau-Quelle
(Böhmerwald)
Böhmen mit Plan und Wagen ab Seite 88
DEUTSCHLAND Bayern
Český Krumlov
Plechý 1378 m
Vodní nádrž Lipno (Stausee Lipno)
Kaplice
Frymburk
Donau
Lipno nad Vltavou
1040 m
Vyšší Brod
Passau
ÖSTERREICH

PRAHA über 1 000 000 Einw.
Ostrava 100 000 – 1 000 000 Einw.
Jihlava 50 000 – 100 000 Einw.
Sokolov 20 000 – 50 000 Einw.
Litomyšl 10 000 – 20 000 Einw.
Slavonice unter 10 000 Einw.
0 10 20 30 km
Eisenbahn
Autobahn/Schnellstraße
Fernverkehrsstraße
Europastraßennummer
Autobahnnummer
Straßennummer
internationaler Flughafen
POLEN
SLOWAKEI
Opole (Oppeln)
Gliwice (Gleiwitz)
Katowice (Kattowitz)
Sněžka (Schneekoppe) 1602 m
Nationalpark Riesengebirge
Krkonoše (Riesengebirge)
Adršpach
Felsenstadt
Broumov
Vrchlabí
Trutnov
Úpice
Dvůr Králové nad Labem
Zoo
Schloss Kuks
Brauerei Primátor
Náchod
Hořice
Jaroměř
Nové Město nad Metují
1115 m
Hradec Králové
Tschechien hoch drei Seite 140
Rychnov nad Kněžnou
Holice
Vamberk
Labe
Pardubice
Choceň
Letohrad
Chrudim
Vysoké Mýto
Ústí nad Orlicí
Česká Třebová
Litomyšl
Ležáky
Skuteč
Svitavy
Chotěboř
Hlinsko
Polička
Moravská Třebová
836 m
Havlíčkův Brod
Českomoravská vrchovina (Mährische Höhe)
Nové Město na Moravě
Žďár nad Sázavou
Šiklův mlýn (Westernstadt)
Polná
Jihlava
Velké Meziříčí
Třebíč
Náměšť nad Oslavou
Moravské Budějovice
Letovice
Boskovice
Blansko
Punkvahöhlen
Tišnov
Kuřim
Dinopark
Brno (Brünn)
Rosice
Ivančice
Die Bier-Revolution ab Seite 56
Moravský Krumlov
Slavkov u Brna
Bučovice
Vyškov
Prostějov
Hustopeče
Přimětice
Znojmo
Hrušovany nad Jevišovkou
Mikulov
Lednice
Břeclav
Nationalpark Thayatal
Dyje (Thaya)
Sudeten
Javorník
Jeseník
Rejvíz
Hrubý Jeseník
1491 m (Altvatergeb.)
Vrbno pod Pradědem
Králíky
Šumperk
Rýmařov
Zábřeh
Mohelnice
Uničov
Litovel
Šternberk
Olomouc (Olmütz)
Morava (March)
Osoblaha
Krnov
Schwejks Geschwister Seite 52
Bruntál
800 m
Opava
Schloss Hradec nad Moravicí
Hlučín
Horní Lhota
Ostrava (Ostrau)
Hoch im Kurs Seite 124
Bohumín
Karviná
Orlová
Havířov
Vratimov
Český Těšín
Třinec
Vítkov
Bílovec
Studénka
Fulnek
Odry
Příbor
Odra (Oder)
Frýdek-Místek
Frýdlant nad Ostravicí
Kopřivnice
Nový Jičín
Jablunkov
Lysá hora 1323 m
Hranice na Moravě
Lipník nad Bečvou
Přerov
Valašské Meziříčí
Frenštát pod Radhoštěm
Rožnov pod Radhoštěm
912 m
Vsetín
Holešov
Hulín
Kroměříž
Tschechien hoch drei Seite 139
Zlín
Otrokovice
Valašské Klobouky
Luhačovice
Brumov-Bylnice
Staré Město
Uherské Hradiště
Biosphärenreservat Bílé Karpaty
Uherský Brod
Veselí nad Moravou
Dubňany
Hodonín
Strážnice
970 m
1071 m
Javorníky
Bílé Karpaty (Weiße Karpaten)
Trenčín

GEO Special Schweden (02/09)

Die Ausgabe macht definitiv Appetit auf „mehr Schweden". Hoffentlich hält auch Ihre Begeisterung an, damit es nicht wieder zwölf Jahre (!!!) dauert, bis das nächste GEO Special Schweden erscheint. Und wird es jemals ein Heft Dänemark oder Finnland geben? Darauf wartet man in langen GEO-Special-Jahrzehnten bisher vergeblich.

— DR. HELMUT HUNTEMANN

Wir geloben Besserung. Die Redaktion

Ich lese GEO Special seit fünf Jahren und bin vom Schweden-Heft total begeistert. Die Artikel zeigen die Vielfalt und Schönheit des Landes. Einfach toll, weiter so! Ich freue mich auf jede neue Ausgabe, um die Welt noch besser kennenzulernen.

— PEGGY WECKE

GEO Special Kuba (01/09)

Vor einigen Wochen habe ich mir Ihr Kuba-Heft gekauft, aber erst heute habe ich es gelesen. Ich gebe zu, dass ich Angst davor hatte, dass Sie *meine* Kuba-Eindrücke zerstören. Aber nein! Ihnen ist es wunderbar gelungen, den unerklärlichen Zauber der Insel einzufangen und ihre scheinbar widersprüchlichen real existierenden Lebensweisen in einer Art zu beschreiben, die Kuba-Liebhabern aus dem Herzen spricht. Vielen Dank dafür. — KATJA KRAUSE

Ich lese gerade das Kuba-Heft und bin begeistert. Im Februar war ich drei Wochen auf der Insel: mit dem Fahrrad von Havanna bis Baracoa. Alles, was ich nun in GEO Special lese, kann ich nur bestätigen. So habe auch ich es erlebt. Ich beabsichtige, im November – wieder per Rad – durch Neuseeland zu fahren. Wann genau ist das GEO Special Neuseeland zu kaufen? — BEATE SCHLOEMP

Das Heft kommt am 7. Oktober 2009 in den Handel. Die Redaktion

GEOSpecial

Gruner + Jahr AG & Co KG, Druck- und Verlagshaus, Am Baumwall 11, 20459 Hamburg.
Postanschrift für Verlag und Redaktion:
20444 Hamburg, Telefon 040/37 03-0, Telefax 040/37 03 56 48.
E-Mail: briefe@geo.de; Internet: www.GEO.de

CHEFREDAKTEUR: Peter-Matthias Gaede
GESCHÄFTSFÜHRENDE REDAKTEURE: Meike Kirsch (Redaktionsleitung), Ruth Eichhorn (Fotografie), Jutta Krüger (Art Direction)
ART DIRECTOR: Beate Meding; Kunhild Haberkern, Uta Maxin (Layout)
TEXTREDAKTION: Meike Kirsch (Heftkonzept); Kirsten Bertrand, Stefan Schirmer, Markus Wolff
BILDREDAKTION: Juliane Berensmann; Friederike Brandenburg, Lia Darjes, Bettina Matthiesen (freie Mitarbeit)
VERIFIKATION: Dr. Agnes Bretting, Andrea-Rebecca Flörke; Birte Prill (freie Mitarbeit)
KARTOGRAPHIE: Thomas Wachter
SEKRETARIAT: Maren Heidorn, Elke Rehländer-Stöhr, Hella Strepp
HONORARE/SPESEN: Angelika Györffy
SCHLUSSREDAKTION: Antje Wischow
TECHNISCHER CHEF VOM DIENST: Rainer Droste
MITARBEITER DIESER AUSGABE: Dr. Susmita Arp, Kristina Chmelař, Tom Dauer, Gunnar Habitz, Laura Himmelreich, Andreas Lesti, Kilian Kirchgeßner, Wolfgang Michal, Katharina Peters, Eva Profousová, Jaroslav Rudiš, Stefan Scheytt, Christian Staas, Thomas Veszelits
BILDADMINISTRATION UND -TECHNIK: Stefan Bruhn, Roman Kulon
VERANTWORTLICH FÜR DEN REDAKTIONELLEN INHALT: Peter-Matthias Gaede

REDAKTIONSBÜRO NEW YORK: Nadja Masri (Leitung), Tina Ahrens, Christof Kalt (Assistenz)
535 Fifth Avenue, 29th fl., New York, NY 10017
Tel. 001/646-884 71 20, Fax 001/646-884 71 11, E-Mail: geo@geo-ny.com

VERLAGSLEITUNG: Dr. Gerd Brüne, Thomas Lindner
ANZEIGENLEITER: Lars Niemann
VERTRIEBSLEITER: Torsten König/DPV Deutscher Pressevertrieb
MARKETING: Julia Duden (Ltg.), Patricia Korrell
HERSTELLER: Oliver Fehling

ANZEIGENABTEILUNG
Anzeigenverkauf: Jens Hildebrand, Tel. 040/37 03 29 32, Fax 040/37 03 17 29 32, Korinna Koschek, Tel. 040/37 03 22 48, Fax 040/37 03 17 22 48
Anzeigendisposition: Marco Schütze, Tel. 040/37 03 23 27, Fax 040/37 03 58 87
Es gilt die Anzeigenpreisliste Nr. 36 vom 1. Januar 2009
Bankverbindung: Deutsche Bank AG Hamburg, Konto 0322800, BLZ 200 700 00
Druck: Prinovis Itzehoe GmbH

GEO ist auf Papier gedruckt, das aus einem Drittel – ausschließlich chlorfrei gebleichtem – Zellstoff, aus einem Drittel Durchforstungsholz und einem Drittel Altpapier hergestellt ist. Printed in Germany

GEO Special (USPS no 0014523) is published Bi-monthly by GRUNER + JAHR AG & CO. Subscription price for USA is $ 60 per annum. K.O.P.: German Language Pub., 153 S Dean St, Englewood NJ 07631. Periodicals Postage is paid at Englewood NJ 07631 and additional mailing offices. Postmaster: Send Address changes to: GEO Special, GLP, PO Box 9868, Englewood NJ 07631.

GEO-SPECIAL-LESERSERVICE

Fragen an die Redaktion
Telefon: 040/37 03 20 73, Telefax: 040/37 03 56 48, E-Mail: briefe@geo.de

ABONNEMENT- UND EINZELHEFTBESTELLUNG

Abonnement Deutschland, Heftpreis im Abonnement: 6,95 €
- *Bestellungen:* DPV Deutscher Pressevertrieb, GEO-Kundenservice, 20080 Hamburg, Telefon: 01805/861 80 01*
- *Kundenservice allgemein* (persönlich erreichbar) Mo bis Fr 7.30 bis 20.00 Uhr, Sa 9.00 bis 14.00 Uhr Telefon: 01805/861 80 01*, Telefax: 01805/861 80 02* 24-Std.-Online-Kundenservice: www.MeinAbo.de/service

Abonnement Österreich, Heftpreis im Abonnement: 8,10 €
- *GEO-Special-Abonnentenservice,* Postfach 5, 6960 Wolfurt, Telefon: 0820 / 00 10 85, Telefax: 0820 / 00 10 86 E-Mail: geo-special@abo-service.at

Abonnement Schweiz, Heftpreis im Abonnement: 13,60 sfr.
- *GEO-Special-Leserservice,* Postfach, 6002 Luzern Telefon: 041/329 22 20, Telefax: 041/329 22 04 E-Mail: geo-special@leserservice.ch

Abonnement übriges Ausland, Heftpreis im Abonnement auf Anfrage
- *GEO-Special-Kundenservice,* Postfach, CH-6002 Luzern; Telefon: 041/329 22 20, Telefax: 041/329 22 04 E-Mail: geo-special@leserservice.ch

BESTELLADRESSEN FÜR GEO-BÜCHER, GEO-KALENDER, SCHUBER ETC.

Deutschland
- *GEO-Versand-Service,* Werner-Haas-Straße 5, 74172 Neckarsulm, Telefon: 01805/06 20 00*, Telefax: 01805/08 20 00* E-Mail: service@guj.com

Schweiz
- *GEO-Versand-Service 50/001,* Postfach 1002, CH-1240 Genf 42

Österreich
- *GEO-Versand-Service 50/001,* Postfach 5000, A-1150 Wien

Bestellungen per Telefon und Fax für alle Länder
Telefon: 0049/1805-06 20 00, Telefax: 0049/1805-08 20 00
E-Mail: service@guj.com

ISBN 978-3-570-19867-4 ISSN 0723-5194

*14 Cent/Min. aus dem deutschen Festnetz, Mobilfunkpreise können abweichen

Fotovermerke nach Seiten. *Anordnung im Layout: l. = links, r. = rechts, o. = oben, m. = Mitte, u. = unten*

TITEL: Frank Chmura/Prisma/F1online

SEITE 3: Thomas Veszelits: o.; Andri Pol: m. o. und u.; Kilian Kirchgeßner: m. u.

SEITE 4: Franz Killmeyer: l. o.; Pavel Horejsi/Redux/laif: r. o.; Andri Pol: l. u.; Oldřich Škácha: r. u.

SEITE 5: Michal Čižek: l. o.; Gabriel Urbánek: r. o.; Cira Moro/laif: r. m. o.; Björn Steinz: r. m. u.; Steffen Jänicke: r. u.

KOMPASS: Prisma/F1online: 6; Friederike Brandenburg: 7 l. o. und r.; Franz Neumayr/action press: 7 l. m.; Jürgen Kaluzny: 7 l. u.; Wilkin Spitta/transit: 8 l. o.; Zuma Press/Imago: 8 m.; David Černý: 8 r. o.; Jean-Baptiste Rabouan: 8 l. u.; Dinopark Vyškov: 8 r. u.; www.perník janoš.cz: 11 o.; Pilsner Urquell: 11 r. m.; Profimedia/vario images: 11 l. u., l. m. u.; Dr. W. Bahnmüller/Bildstelle: 11 r. m. u.; Westend 61/vario images: 11 r. u.; Ceskatelevize: 12 l. o.; Jörg Modrow: 12 r. o.; Radio Praha: 12 u.

AUFSCHWUNG OST: Andri Pol: 14–27

ANSICHTEN EINES ABGEHOBENEN TSCHECHEN: Jaromir99 (Illustrationen): 28–30

PRAG - ZUKUNFT FINDET STADT: Jörg Modrow: 32/33; Tobias Gerber/laif: 34, 45 o., 46; Guido Cozzi/Atlantide: 35; Miquel Gonzales/laif: 37, 39; Peter Hirth/transit: 38; Yadid Levy/Agentur Anzenberger: 40 o.; Tiofoto/F1online: 40 u.; Steffen Jänicke: 42; René Spalek/Bilderberg: 43; Josef Horázný/CTK Photo: 45 u.; Ron Horloff: 47 o.; Kilian Kirchgeßner: 47 u.

SCHWEJKS GESCHWISTER: Jan Zatorsky: 48/49, 51; Vlastimil Kula: 50; Michal Čižek: 52/53; Radim Beznoska/isifa: 54; Björn Steinz: 55

DIE BIER-REVOLUTION: Wuchner/F1online: 56; Alamy/mauritius-images: 58; Miquel Gonzales/laif: 59 o.; Pivni Galerie: 59 u.

UMBRUCH IN NAHAUFNAHME: Oldřich Škácha: 60–71 außer: Ludvik Vaculik: 69 l. u.

FRAGIL: Gabriel Urbánek: 72, 73, 75 l., 76/77; Moser Archive: 74 l., 76 l. o.; design by Borek Sipek, 1997/Courtesy Steltman Galleries Amsterdam/www.sipek.com: 74 r.; Marek Novotný/Qubus: 75 r. o.; Lubomír Hána/Glasgalerie Hittfeld: 75 r. u.; Glasmuseum Passau: 76 l. u.; Friederike Brandenburg: 77 r.

ADEL GESICHTET: Franz Killmeyer: 78–87

BÖHMEN MIT PLAN UND WAGEN: Cira Moro/laif: 88–97

DIE JÄGERIN DES VERLORENEN SCHATZES: Martin Kollár/Agence Vu: 98/99, 100/101 (Rahmen); bpk: 100 o.; Lebrecht Music & Arts/ullstein bild: 100 m. o.; Imagno/Hulton Archive/Getty Images: 100 m. und u.; akg-images: 100 m. u.; Gordon Schmidt/action press: 101 o.; Gerard Degeorge/akg-images: 101 u.

DAS QUELLWERK: R. Schmid/Bildagentur Huber: 102/103, 104; Georg Knoll/Bilderberg: 105, 110; Kurt Henseler/laif: 106/107; Chris Howes/Wild Places Photography/Alamy: 108/109; Christian Kerber: 111; Rainer Hackenberg/dpa/Picture-Alliance: 112

DOSSIER: ÖNB/Imagno: 117 o.; FAN/Schapowalow: 117 u.; Jan Sagl/Agentur Anzenberger: 118 l. o.; CTK Photo: 118 r. o.; Slg. Rauch/Interfoto: 118 u.; Tomas Novak/CTK Photo: 119 l. o.; The Advertising Archives: 119 m.; Corbis: 119 l. u.; Rene Volfik/CTK/Picture-Alliance: 119 r. u., 123 o.; David W. Cerny/Reuters: 120; Hermann Kauper: 122; Radek Pilar/Merchandising Prague s.r.o.: 123 u.; Alexandra Mlejnkova/CTK/Picture-Alliance: 124 o.; wikipedia.org: 124 u.; Jaroslav Sybek/CTK Photo: 125

SERVICE: Gunnar Habitz: 128 o.; Steffen Jänicke: 128 l. u.; Lydie Gi/Bildstelle: 128 r. u.; Friederike Brandenburg: 130 l. u. und r. u.; J. Mark Stewart/Czech Inn: 131 o.; Alamy/mauritius-images: 131 u.; René Jakl/Lehká Hlava: 132 o.; Frank Steinbach/Visum: 132 u.; Tobias Gerber/laif: 133, 134; Agostino Pacciani/Agentur Anzenberger: 135 o.; Petr Hloušek: 135 u.; Profimedia/vario images: 136; Profimedia/F1-online: 137 l.; Lucie Černohousová: 137 r.; Dan Materna: 138 l.; Andri Pol: 138 r., 139; Jaroslav Horák: 140; Profimedia/Alamy: 141

VORSCHAU: PhotoNewZealand.com: 145 o.; Julia Zimmermann: 145 l. u.; Julien Capmeil: 145 r. u.

INTERVIEW: Dennisson Bertmen/Czechoslovak Models: 146

KARTEN/ILLUSTRATIONEN: Thomas Wachter: 10, 17–27, 97, 108, 138, 139, 141, 142–143; Susanne Koch/Thomas Wachter: 134, 136

NEUSEELAND

DAS IST DOCH WIE IN ...: Etwas Schweiz, etwas Irland – auf Weltreise in Neuseeland. **EIN FALL FÜR ZWEI:** Zwei Frauen, ein Reisebulli, 15 Tage Abenteuer. **ES IST ANGERICHTET:** Die kulinarische Revolution der Kiwis. **DIE ZEICHEN DER ZEIT:** Junge Maori zeigen Gesicht – mit traditionellen Tätowierungen. **BUDENZAUBER:** Ferienhäuser in traumhaften Lagen. **BUNGEEJUMPING ZUM FRÜHSTÜCK:** Queenstown, Welthauptstadt der Adrenalinjunkies, sucht neue Attraktionen. **SIEGERTYPEN:** Die beste Marmelade-Einkocherin, der schnellste Austernschlürfer und weitere Helden. **IS WAS, DOC?** Porträt einer etwas anderen Naturschutzbehörde. **FILMREIF:** Drehorte von King Kong, Hobbit & Co. **BETRETEN ERLAUBT:** Die schönsten Trekkingwege über Privatland.

Neuseelands Naturtalente: Badebucht bei Cathedral Cove auf der Halbinsel Coromandel, Schlaf- und Sitzplatz am Rotorua-See, Weinlese auf der Südinsel

DIE ZULETZT ERSCHIENENEN AUSGABEN:

1/2009

2/2009

3/2009

DIE FOLGENDEN AUSGABEN:

- Ruhrgebiet
- Inseln der Erde
- Sommer in den Alpen

DAS GEO SPECIAL NEUSEELAND
ERSCHEINT AM 7. OKTOBER 2009

Wie lebt es sich eigentlich als …

… Tschechiens next Topmodel?

ALINA FEDURTSO, 18, wird als nächste Eva Herzigová gehandelt. Eine Bürde in einem kleinen Land, das den Markt der internationalen Schönheitsgrößen seit Jahren dominiert

Sehen in Tschechien eigentlich alle Frauen so gut aus wie Sie?
Ja, tatsächlich viele. Das könnte allerdings auch daran liegen, dass man hierzulande gern ein bisschen nachhilft und des Öfteren Geld zum Friseur oder in einen Beautysalon trägt.
Sie auch?
Nein, ich bin ganz und gar natürlich. Ich mag noch nicht einmal Make-up. Morgens im Bad brauche ich zehn Minuten, aber das sieht in 30 Jahren vielleicht auch anders aus.
Sie gelten als größte Topmodel-Hoffnung Ihres Landes. Kommt das überraschend?
Nun, eigentlich nicht. Viele meiner Freunde und sogar Leute auf der Straße haben zu mir gesagt: Du bist ein Model! Und so bin ich nach dem Gymnasium einfach sofort zu einer Agentur gelaufen. Der haben meine nun wirklich langen Beine gefallen. Ich glaube, auch das Gesicht ist ganz nett. Aber so genau weiß ich das noch nicht, das alles war ja erst vergangenen Dezember.
Passen Sie seither besser auf, was auf Ihren Teller kommt?
Verzichten muss ich bisher nicht. Nach jeder Reise kocht mir meine Mutter erst einmal was Ordentliches aus Kartoffeln. Das liebe ich, wie auch Schokolade.
Sie sind schon jetzt bei jener Agentur, die auch aus Eva Herzigová oder Tereza Maxová Weltstars gemacht hat.
Ein Glück, dass die Agentur Czechoslovak Model mich entdeckt hat. Jetzt war ich schon dreimal in Mailand, bald geht es nach London, Hongkong oder Tokio. Ich liebe das Reisen! Asien könnte für meine Karriere besonders wichtig werden, denn dort liegt das Geld auf dem Laufsteg. Bisher habe ich, ehrlich gesagt, noch nicht allzu viele Kronen verdient. Aber das wird.
Haben Sie Angst vor dem Druck der Branche?
Ich fürchte mich vor nichts und niemandem. Aber Gedanken habe ich mir auch noch nicht groß gemacht.
Haben Sie so etwas wie ein Erfolgsrezept?
Ein Erfolgsrezept? Keine Ahnung. Wahrscheinlich die Natürlichkeit. Und vielleicht auch die klaren Ziele: Ich will Tschechiens nächste Eva Herzigová werden, ich will den internationalen Erfolg. Und parallel dazu mache ich meine Ausbildung zu Ende: Übersetzerin. An Englisch, Russisch und Italienisch bin ich schon dran. Deutsch könnte folgen.
In Deutschland gibt es ja diese Sendung namens „Germany's Next Topmodel".
Gehört habe ich davon, aber gesehen habe ich die noch nie. In Tschechien haben wir nichts Vergleichbares. Wenn man Model werden will, dann muss man auf die Straße gehen. So einfach ist das.

KRISTINA CHMELAŘ UND ANDREAS LESTI

Braucht morgens nur »zehn Minuten« im Bad und kann noch mit weiteren Zahlen beeindrucken: Alina Fedurtso, 82-60-88